我们一起解决问题

不强势的父母，了不起的孩子

王丹　丁韵融◎著

人民邮电出版社
北　京

图书在版编目（CIP）数据

不强势的父母，了不起的孩子 / 王丹，丁韵融著. -- 北京 : 人民邮电出版社，2024.6
ISBN 978-7-115-64512-8

Ⅰ. ①不… Ⅱ. ①王… ②丁… Ⅲ. ①家庭教育 Ⅳ. ①G78

中国国家版本馆CIP数据核字(2024)第105127号

内容提要

在人工智能时代，传统的、只注重知识传授的应试教育已经不足以培养未来人才，这时的家庭养育也不能像过去只需要将孩子养活、养大就行。家庭养育是土壤，是孩子成长的根基，父母如何迭代家庭养育的理念，让孩子顺利适应未来社会，并且在充满不确定性的未来社会发挥自己的天赋潜能呢？

不强势的父母能够因材施教，让孩子得到个性化的养育，全面认识自己的本性和天赋才华，在自己的热爱中深耕。本书从自驱力、学习力、情绪力、创造力、沟通力、幸福力6个方面，系统地解决了当代父母在养育孩子适应未来社会过程中的大部分痛点和难题，具有前瞻性和实操性；可以帮助父母了解孩子身心发展不同阶段的特点，支持孩子提升学习的自驱力，助力孩子增进与社会的情感链接、沟通能力、情绪管理能力等。总之，本书能帮助父母开启智慧养育之门，培养适应未来社会的孩子。

本书适合父母及教育工作者阅读。

◆ 著　王　丹　丁韵融
责任编辑　张国才
责任印制　彭志环
◆ 人民邮电出版社出版发行　北京市丰台区成寿寺路11号
邮编 100164　电子邮件 315@ptpress.com.cn
网址 https://www.ptpress.com.cn
北京市艺辉印刷有限公司印刷
◆ 开本：880×1230 1/32
印张：8　2024年6月第1版
字数：150千字　2024年6月北京第1次印刷

定　价：49.80元

读者服务热线：（010）81055656　印装质量热线：（010）81055316
反盗版热线：（010）81055315
广告经营许可证：京东市监广登字20170147号

前言

在人工智能时代，我们正面临着前所未有的家庭养育变革，传统的应试教育模式已经不能满足培养未来人才的需求。在这样的背景下，家庭养育的方法也必须随之改变。

家庭是孩子成长的基础，父母的养育方式直接影响孩子的未来。面对快速发展的社会，传统的家庭养育模式“仅仅满足孩子生理上的成长和知识的灌输”已经远远不够。现代父母需要重新思考如何在这个充满挑战和不确定性的时代中发掘并利用孩子的天赋潜能，支持他们的身心健康成长。

我服务过数千个家庭，发现按传统标准评判出来的“问题孩子”，其行为背后往往隐藏着未被发现的需求和天赋。这些发现强调了个性化养育和因材施教的重要性。父母应深入了解孩子的本性和天赋才华，鼓励他们在自己热爱的领域深耕，实现可持续发展。

在这个时代，父母还需要掌握一些心理学的应用技术，以更好地理解和支持孩子的成长。家庭养育的核心不应该是将孩子塑造成父母期望的模样，而是智慧地支持孩子按照自己的本性成长。如果把孩子比作树木，那么父母就是滋养他们的土壤，帮助他们自然地成长是父母的责任。

父母需要更新养育理念，通过个性化教育和心理学的应用，帮助孩子发现并发展自己的天赋，培养他们成为能够适应未来社会的人。这不仅是对孩子的投资，也是对未来社会的贡献。本书不仅关注孩子个人能力的培养，而且重视孩子在不同成长阶段的心理、情感及社会适应能力的发展。

（1）孩子的自我认识与学习方法

书中提到的支持孩子清晰、全面地认识自己，以及打通不同学段的学习方法，是帮助孩子建立自主学习能力的关键。通过了解自己的优势和不足，孩子能够更有效地规划学习过程，利用自身优势进行预习、复习和应对考试。这种自我驱动的学习方式，对于孩子终身学习能力的培养至关重要。

（2）父母的角色和责任

父母在养育孩子的过程中，需要同时培养孩子勇于探索世界、具备批判性思维、问题解决能力和建立良好的亲子关系等。这不仅需要父母了解孩子的发展规律，而且需要父母具备正确的养育理念和方法。父母的支持和引导对于孩子形成积极的世界观、价值观和人生观有着不可替代的作用。

（3）对未来的准备

在人工智能时代，机器可能取代很多技术性工作，但机器难以替代人类的情感交流、创造性思维和道德判断。因此，书中提到的培养孩子与他人建立联系的能力，如同理心、合作能力和沟通能力是非常重要的。这些能力将帮助孩子在未来社会中建立良好的人际关系，成为有影响力的人。

（4）生命发展的规律

对于父母而言，了解孩子在不同成长阶段的需求和特点是正确引导孩子成长的基础。从儿童时期帮助孩子建立信任感和安全感，到青少年时期鼓励孩子进行自我探索，再到成年后的社会责任感培养，每个阶段都有其独特的发展任务和挑战。父母的任务是在这个过程中提供恰当的支持和引导。

父母需要不断更新自己的养育理念和方法，以适应社会的发展和孩子的需求。通过深入了解生命成长的规律、国家政策法规和时代发展趋势，父母可以为家庭带来希望，在变化中找到确定性，降低家庭的焦虑。

同时，当前家庭培养孩子的过程中确实存在一些误区，这些误区往往源于父母对教育理念的误解、对孩子个性和兴趣的忽视及对成功标准的单一化解读。本书将会陪伴大家认识这些误区，并给出针对性的解决方案。

（1）对教育理念的误解

以往部分父母将学习成绩视为衡量孩子成功与否的唯一标准，而忽略了孩子其他方面的发展。这种做法容易导致孩子承受巨大的学习压力，而忽视了情感交流、社交、创造力等方面的培养。

父母应树立全面发展的教育理念，除了重视学习成绩，还需要关注孩子的身心健康、兴趣爱好、社会技能、性格素养等方面的成长。

（2）忽视孩子的个性和兴趣

每个孩子都有自己的个性和兴趣，但父母可能容易忽视这些，强迫孩子学习自己不感兴趣的内容。

父母可以更多地观察和了解孩子的个性和兴趣，提供适合他们的学习资源和环境，鼓励他们在感兴趣的领域持续深入探索。

（3）单一化解读成功标准

社会上普遍存在对成功标准的单一化解读，比如认为上好的大学和找到高薪工作就是成功的标志。这种观念会让父母和孩子陷入不必要的比较和竞争之中。

父母应建立多元化的成功观念，真正认识到每个人的成功路径都是独一无二的；支持孩子追求自己的梦想和目标，而不是追求社会普遍认同的成功模式。

（4）病急乱投医

面对孩子的学习或行为问题，部分父母可能会为孩子盲目报名各种补习班或兴趣班，希望通过增加学习量来解决问题，这往往适得其反。

此刻，父母不妨先寻找问题的根本原因，针对性地采取措施。如果需要，父母可以寻求专业的教育或心理咨询机构的帮助，而不是简单地增加孩子的学习负担。

（5）过度保护或放任

有些父母可能过度保护孩子，为他们做出所有决定，这会影响孩子独立思考和解决问题的能力。还有些父母则可能对孩子过分放任，缺乏必要的引导和监督。

父母需要在关爱和放手之间找到平衡，既给予孩子足够的关注和支持，又让他们有机会自己做决定，学习独立生活。

家庭教育的核心应该是支持孩子的全面发展，尊重孩子的个性和兴趣，以及培养孩子的独立性和社会责任感。通过避免这些常见的误区，父母可以更有效地支持孩子的成长，帮助他们成为未来社会的有用之才。

在当代家庭教育的探索中，父母的角色和教育理念正在经历一场深刻的转变。从过去的控制型、放任型，到现在逐渐普及的引导型育儿方式，这种变化不仅体现了社会对教育多元化价值的认可，也反映了父母对孩子成长需求深层次的理解与尊重。本书旨在分享一位经历丰富的家长在天赋教育实践中的心得体会，为广大父母提供一种新的视角和方法论，以帮助他们更好地引导孩子健康成长。

目录

第 5 章 做好父母，我们需要这样沟通

第 6 章 发现孩子的天赋，用不强势教育提升幸福力

第 1 章

孩子，我该如何激发你的自驱力

家是温暖的港湾，孩子是勇敢的小船。

父母用爱和智慧引导小船在学习和玩乐中找到最好的路。

破解孩子学习难题：如何平衡“5分钟学习与1小时游戏”现象

数字化时代，电子游戏成为孩子们的主要娱乐方式，同时也给教育带来了挑战。孩子们倾向于花费大量时间在游戏上，而对学习只能维持短暂的兴趣。这种“学习5分钟，游戏1小时”的现象屡见不鲜，不仅对孩子的学习成绩产生了负面影响，也引起了父母和教育者的深切关注。家庭教育也面临着前所未有的挑战。本文将从心理学的角度出发，探索此问题的根源，进而对症下药解决问题。

即时满足（Instant Gratification）与延迟满足（Delayed Gratification）的矛盾是心理学的一个重要研究领域，特别是在探讨人类行为动机和自我控制机制方面。这个概念的具体历史可以追溯到几个关键的实验和理论发展。

最著名的研究之一是斯坦福大学心理学家沃尔特·米歇尔（Walter Mischel）在20世纪60年代末进行的“斯坦福棉花糖实验”（Stanford Marshmallow Experiment）。这项实验旨在测试儿童对即时满足与延迟满足的偏好及其长远影响。在实验中，米歇尔和他的团队给予每个参与的儿童两个选择：一是他们可以立即得到一块棉花糖；二是如果他们能够等待研究员离开房间一段时间后再回来时，他们就可以得到两块棉花糖。随后的跟踪研究显示，选择延迟满足的儿童在未来的生活中表现出了更好的自我控制能力、社会适应能力和学业成就。

延迟满足的概念并不是孤立存在的，它与自我控制、冲动控制、情绪调节等心理学概念紧密相关。心理学家米歇尔通过实验研究，展示了延迟满足能力与个体在学业、职业、健康等多方面的成功关联。

在米歇尔的实验研究之后，许多心理学家和研究者继续探索即时满足与延迟满足之间的动态，以及它们如何影响决策、成瘾、目标设定和达成等。这些研究涵盖了神经科学、认知心理学、社会心理学等多个领域。

随着技术的发展，特别是互联网和社交媒体的普及，即时满足的诱惑变得无处不在，这使延迟满足的能力更加重要。

即时满足与延迟满足的矛盾是一个复杂而深入的研究领域。从米歇尔的"斯坦福棉花糖实验"开始，到今天对这个概念的广泛探索，这个领域反映了人类行为和心理学的多个重要方面。通过理解和应用这些研究成果，我们可以更好地掌握自我控制的技巧，以实现长期的目标和愿望。

人类天性倾向于寻求即时的满足感，而游戏正好提供了这种快速反馈。与之相比，学习则是一个需要长期投入、耐心和努力才能看到成效的过程。每个孩子都是一块未经雕琢的宝石，

本来都有其独特的兴趣和潜能。但是，如果这些兴趣和潜能没有得到合理的发掘和培养，我们没能及时倾听到他们的内心想法，也没及时提供相应的学习资源，那么孩子很可能需要通过游戏来寻找那份缺失的成就感和满足感。

这种延迟满足的过程与人的本能需求形成了对立，大部分父母的困惑也来源于此。我们可以通过以下几种设计游戏的方式，为孩子创造学习的体验。

第一，营造积极的专属学习氛围。

想象一下，将家里的一处宁静小角落变成孩子的秘密基地，一个充满魔法和无限可能的学习乐园。首先，我们需要选一个远离客厅喧嚣和电视机吵闹的安静角落，将其打造成一个知识的小宇宙，其中没有游戏机的诱惑，只有探索和学习的乐趣。

接下来，我们要动手打造这个特别的空间。我们可以挑选一张舒适的小桌子和一把让孩子坐得舒服的椅子，确保这是一个孩子愿意长时间停留的地方；在墙上张贴彩色的学习海报或孩子的作品，让这个角落充满个性和归属感。

不要忘了，这个学习角落需要装备齐全。例如，我们可以准备好彩色的铅笔、橡皮、尺子等学习工具，并放在一个可爱的笔筒里；在书架上摆放各种图书，从童话故事书到科普书，让孩子的好奇心在这个小天地里自由飞翔。

最后，我们可以制定一些简单的规则，如“在学习时间让手机静音”或“完成作业后才能享受休闲时间”，帮助孩子建立良好的学习习惯。但是，我们也要记住，这个角落更多的是关于发现和乐趣，而不仅仅是功课和作业。

通过这样的精心布置，这个学习角落将不仅是孩子追求知识的小窝，更是他们心灵的港湾，可以让学习变成一场精彩的冒险之旅。

第二，培养自我控制能力。

想象一下，把培养自我控制能力变成一场家庭版的“寻宝冒险”。首先，我们和孩子一起坐下来，用简单、生动的话语解释即时满足和追求长期目标之间的区别。

接下来，创造一个“学习闯关奖励机制”。我们可以把每天的学习任务设定成一系列小挑战，孩子每完成一个挑战就能获得一枚“勇士硬币”。到了周末，这些硬币可以兑换成额外的阅读时间、选择晚餐菜品的机会或一次家庭游戏之夜。这样的机制不仅让孩子体验到了即时的小满足，也让他们看到持续努力的长期回报。

同时，我们还可以用一张“进步墙”记录孩子的每一点进步。每当孩子完成一个学习任务，无论大小，都可以写在一张彩色便签纸上，并贴在墙上。这样，孩子就能直观地看到自己的成长，即使小小的进步也会被看见和庆祝。这样不仅鼓励了孩子，也提高了他们的自信心。

最重要的是让孩子知道，我们更看重他们的努力和坚持，而不仅仅是最终的成绩。通过这些实践活动，孩子不仅能够逐步提高自我控制力，还能增强自我效能感，进而相信自己能够通过努力达成目标。

这样的方法不仅让孩子在学习中找到乐趣，还能帮助他们建立面对挑战、追求长期目标的勇气和自信。

第三，合理规划学习和娱乐时间。

想象一下，把日常生活的安排变成一场家庭合作的“时间宝藏狩猎”游戏。首先，我们和孩子一起坐下来，拿出一张大白纸和五颜六色的笔，开始绘制一张“时间宝藏图”。在这张图上，每一块宝藏都代表孩子一天中的不同活动，包括学习、游戏、休息等。

让孩子参与这个时间管理的过程，让他们自己决定每块宝藏的位置和大小。例如，学习宝藏可能是一座金光闪闪的山，而游戏宝藏则是一个充满笑声的小岛。这样，孩子不仅能明白每天需要完成的任务，还能通过这种寓教于乐的方式学会自我调节和承担责任。

接下来，为了保持孩子学习的方向和动力，我们可以与孩子一起设定一些短期可达成的学习目标。每达成一个目标，就在“时间宝藏图”上贴一颗闪亮的星星或一个小旗帜。这些小奖励会让孩子体验到学习的即时满足感，从而激发他们对学习的热情。

此外，我们可以和孩子一起制定一些简单的规则，如“今天的作业全部完成后，可以享受30分钟的游戏时间”。这不仅可以帮助孩子建立自我控制的能力，还能教会他们在生活中平衡各方面的事物。

最后，确保这个计划有足够的灵活性，以适应突发的家庭活动或孩子的特殊需求。我们应记得每周都回顾“时间宝藏图”，和孩子一起庆祝他们的成功，讨论可以改进的地方。

通过这样的方法，孩子不仅能够激发学习动力，还能建立良好的时间管理习惯，学会如何在快乐学习和享受生活之间找到完美的平衡点。

第四，树立良好的榜样。

想象一下，在一个温馨的傍晚，全家人围坐在客厅的小圆桌旁，没有电视机的背景音乐，也没有手机屏幕的蓝光闪烁，只有手中的书和彼此的声音。这是一个共读的时刻，父母可以从书架上挑选一本适合孩子阅读的书，比如一本冒险故事或科学实验集，然后轮流朗读，分享彼此的想法和感受。这样的活动不仅丰富了孩子的知识，提升了他们的想象力，也让家庭成员之间的情感联系更加紧密。

周末的早晨，当阳光透过窗帘洒进屋内，我们不妨将这一天定为家庭户外探险日。我们可以去附近的公园徒步，或者开启城市的自行车之旅。在大自然中呼吸新鲜空气，观察周围的植物和动物，甚至开始一场“寻宝”游戏，都能让孩子远离电子产品，体验现实世界的乐趣。这些活动不仅锻炼了孩子的身体，还激发了他们对环境的好奇心和探索欲。

晚餐时，我们可以设定一个规则：餐桌上禁止使用任何电子产品，让吃饭成为家庭成员交流的黄金时间。在这个时间里，每个人都可以分享自己一天中的经历和感受，无论是成功还是挫败，都能得到家人的聆听和支持。这样的习惯不仅减少了孩子对电子产品的依赖，还增强了家庭成员之间的沟通和理解。

通过这些具体的操作，父母不仅可以为孩子树立积极健康的生活榜样，还可以向孩子展示生活中除了电子产品以外的无限可能。当孩子看到大人们也能享受阅读、户外探险和家庭交流的乐趣时，他们自然会被吸引，愿意尝试并逐渐改变自己的行为习惯。这样的家庭环境是孩子健康成长的沃土，让他们在这里学会如何平衡生活，如何珍惜与家人共度的每一刻。

我们的家就像一个温暖的小港湾，孩子就像探索海洋的小船。作为父母，我们的任务是用爱心和智慧帮助他们调整船的方向，在学习与娱乐之间找到最佳航线。

我们可以花点时间从孩子的视角看世界，坐下来，用游戏般好玩的方式和他们一起画出他们的梦想地图。例如，我们可以问孩子对哪些事物感到好奇，梦想是什么，然后一起规划如何一步步实现。这个过程中，耐心和爱心将是我们最好的“游戏装备”，孩子又怎能不爱呢？

行动方案

当下的觉察：想一想你的孩子玩电子游戏的热情大于学习的热情，可能是什么原因导致的呢？

下一步行动：针对自家孩子出现玩游戏时间过长的情况，制定1～2个具体可执行的行动方案。

从游戏到学习：激发孩子自驱力的家庭策略

在当今社会，培养孩子的学习热情和自主学习能力成了许多父母最关心的话题。如何激发孩子内在的学习动力，使他们不仅爱上学习，而且能够持续、主动地探索知识，是一门艺术，也是一种科学。

父母需要明确一点：学习动力分为外在动力和内在动力。传统的奖励与惩罚机制，如考试、比赛的压力，以及物质奖励或责骂等，都属于外在动力。这些方法虽然在短期内有效，但往往不能持久。因为一旦外部刺激消失，孩子的学习动力也随之消退。相比之下，内在动力，如学习兴趣、好奇心、求知欲等，能够提供更稳定和长久的学习驱动力。

美国心理学家大卫·奥苏贝尔（David Ausubel）是20世纪的一位重要教育心理学家，他对认知学习理论做出了重要贡献。奥苏贝尔的理论强调了知识结构在学习过程中的重要性，并提出了“有意义的学习”（Meaningful Learning）的概念，与之对应的是“机械记忆”（Rote Memorization）。他认为，真正的学习动力源于个人内部，是一种强烈的愿望和主动性，它推动个体实现学习目标和欲望。

奥苏贝尔的核心观点之一是有意义的学习发生在学生能够

将新信息与其已有的认知结构中的相关概念相连接时。这种学习是主动、自主的，需要学习者积极参与，通过整合新旧信息来构建知识。与之相对的机械记忆则是简单地重复信息，没有将其与已有知识链接的过程。

奥苏贝尔强调，真正的学习动力来自于个体内部，这种内在动力是个体对知识的自然好奇心、探索欲望及实现个人目标的愿望。他认为，外部激励（如奖励、成绩）虽然在一定程度上可以影响学习动力，但真正持久和有效的学习动力必须源自学习者内部。因此，教育的目标之一就是激发和培养学生的内在学习动力，使其成为自我驱动的学习者。

奥苏贝尔的理论对教育实践有着深远的影响，尤其是在课程设计、教学策略和教育评估方面。他的理论鼓励教师设计能够激发学生内在动力的教学活动，通过链接新旧知识促进深入学习，并重视学生个人的学习需求和兴趣。通过这种方式，教育不仅是知识的传递，而且是学生个人能力和潜力发展的过程。

那么，如何培养孩子的内在学习动力呢？我建议将其分为三个阶段：启动、强化和固化。

启动阶段：前提是父母允许孩子有足够的时间探索兴趣和天赋潜能所在。

例如，我曾花 6 年时间陪伴我家老大进行各类尝试。因为一直是处于摸索阶段，我们对孩子不太了解，没能一开始就重视孩子的个体差异，只能不断尝试舞蹈、游泳、马术、剑术、围棋、钢琴、古筝、国画、硬笔书法等课程。孩子也是从兴趣探索到毫无成就，再到逐步放弃。当然，随着信息科技的发展，我们也可以通过各类测评缩短摸索的时间。直到7岁时，我家老大在学校的音乐课中展现出了对独唱、合唱、主持的浓厚兴趣。为激发她的学习热情，我采取了一些启动方式。

（1）音乐游戏

专业老师设计了一个“节奏大挑战”游戏，让她在课堂上和其他同学一起参与。这个游戏通过设置不同的节奏难度，让她感受到挑战和成就感，激发她对音乐学习的兴趣。

（2）观看演唱会

同时，我们不断陪伴她观看现场演唱会。孩子被音乐家的表现打动，深深感受到了音乐的美妙和艺术魅力。我们也分享一些优秀音乐家的故事，并引导孩子了解他们的音乐成就和所付出的努力；让孩子选择自己喜爱的音乐人物或角色，并鼓励她扮演这些角色。她可以化身为自己喜欢的音乐家，模仿其演唱风格和形象。这将激发孩子对成功榜样的学习，并激发她在音乐学习中的动力，进而加深她对唱歌的热爱。

就这样，在启动时期，我们通过创造有趣、互动和个性化的学习环境，逐步激发了孩子对音乐学习的兴趣和热爱。我们可以通过让学习变得有趣，或树立远大的目标和榜样进一步激发孩子的学习热情。

强化阶段：需要让孩子感受到学习的成就感和胜任感。

这可以通过将大目标分解为小目标来实现，让孩子一步步感受到自己的进步和成功。

（1）创作音乐

我们鼓励孩子尝试创作自己的音乐作品。为此，我们给她提供了一些简单的音乐创作工具，如乐器、音乐软件等，还鼓励她开创自己的音乐电台。她可以根据自己的喜好和情感进行创作，表达内心世界。与孩子一起，我们设定了一个具体且可行的小目标。例如，学会唱一首简单的歌曲或掌握某个唱歌技巧。这个小目标的设定充分考虑了孩子的能力水平，确保她能够达成。随后，我们会逐步陪伴孩子制订下一个目标的学习计划，将大目标分解为小目标，每个小目标对应一定的学习任务和时间。在规划过程中，我们鼓励孩子自己参与，让她感受到自主性和责任感。这种创作活动不仅提高了她的音乐表达能力，也增强了她对音乐的理解和热情。

（2）音乐合作表演

我们组织孩子参与小型音乐合作表演，如合唱团、乐团等。通过与其他孩子合作演奏，他们将感受到音乐的团队合作精神和社交性质，进而培养对音乐的热爱和责任感。同时，我们也建立积极的反馈机制，让孩子在实现每个小目标后能得到及时的认可和鼓励。例如，每当孩子成功唱完一首歌时，父母或老师可以给予赞扬和肯定，让孩子感受到自己的进步和成就。

固化阶段：目标是让学习成为孩子生活的一部分。

父母应提供一个充满爱和支持的环境，让孩子将学习视为一种乐趣而非负担。某天，我发现孩子竟然可以不吃饭、不睡觉，自主安排好学习计划，并且积极主动学习。我想让她停一天都不行。强化的部分，我做了什么呢？

随着时间的推移，孩子以歌唱家为榜样，立志成为一名专业歌唱家。这个目标为她的学习之路指明了方向，也点燃了她内心的驱动力。为了实现梦想，孩子开始制定并追逐具体可达成的小目标，如考入中央音乐学院，进入音乐专业领域学习。每一次的固化过程都为她带来了胜任感和成就感，使她的学习动力愈加高涨。

值得一提的是，孩子对歌唱的深入了解使她在学校的每次艺术活动中都脱颖而出，不仅赢得了同学和老师的认可，还增强了她的自信心和成就感，更坚定了她实现歌唱家梦想的决心。

在这个过程中，父母发挥了至关重要的作用。我们不仅为孩子提供了丰富的资源，而且给予了无条件的理解和支持，为孩子营造了一个充满爱和鼓励的成长环境。我们的支持不仅是对孩子兴趣的认可，而且是对孩子梦想的坚定支持。

通过这个故事，我们可以提出以下 4 点关于培养孩子学习的内在动力的建议：

第一，允许孩子自由探索，发现并追求自己的兴趣；

第二，接纳并认同孩子的兴趣爱好，即使它们看似与学业不直接相关；

第三，帮助孩子设定具体可达成的目标，将遥远的梦想转化为眼前的努力方向；

第四，无条件地给予孩子爱和支持，成为他们坚实的后盾，让他们在追求梦想的道路上感受到家的温暖。

每个孩子都拥有自己的兴趣和潜能，父母的任务是发现、支持并引导他们，帮助他们在追求个人梦想的同时拥有内在动力，实现自我价值和成长。

行动方案

当下的觉察：想一想，你的孩子在学习时是否需要外在激励大于内在动力？为什么会出现这类现象呢？

下一步行动：针对自家孩子出现一直需要外在激励的原因，制定 1 ～ 2 个可启动内在动力的行动方案。

培养孩子必备的3大核心竞争力

在这个快节奏且充满挑战的时代，我们不断地探讨关于孩子教育的各种议题。然而，我们必须深思，真正塑造孩子未来的远不止学校提供的基础知识。更关键的是构建孩子内在世界的品质和能力，这些往往是学校教育中不被重视的部分。

学校教育为孩子们搭建了坚实的起跑线，它确立了孩子们人生旅程的初步方向。然而，真正能促使孩子们心灵飞翔、超越自我界限的，更多源自于家庭教育中那些温暖而细腻的关怀与指引。作为父母，我们的角色独一无二，我们不仅是孩子的引路人，而且是塑造他们性格、培育他们能力的首席导师。

在这个过程中，父母的影响力至关重要。我们是孩子的启蒙老师，也是他们最坚定的支持者。遗憾的是，有时候我们或许没有察觉到，正是我们的局限性、偏见或过时的观念成了孩子才华展露的屏障。在我国，父母常见的一个误区就是完全将孩子的教育责任外包给学校和辅导班，而忽视了自己在孩子成长道路上不可替代的作用。

作为父母，我们要更主动地融入孩子的成长中，用自己的智慧和爱心补足学校教育的空缺。这不仅是一份责任，而且是一次与孩子共同经历的珍贵旅程。与孩子共同成长的每一刻，对于我们而言都是唯一且不可复制的。我们要保持开放的心态，采用科学的方法，一起发掘孩子真正的兴趣所在，引领他们认识并发挥自己的潜能，共同为他们的未来插上理想的翅膀。

在这个世界上，教育的价值远超出了课本知识的积累。如果孩子接受的教育过于狭隘，他们可能会错失探索自我天赋和兴趣的机会，从而无法完全体验到生活的多彩多姿。更严峻的是，一旦离开了学校的庇护，他们可能会发现自己难以适应社会，难以找到真正的幸福和满足感。

作为父母，我们经常期待学校能够提供最优质的教育，却往往忽略了一个事实：许多教师的生活体验可能并不丰富，对于培养孩子在 21 世纪所需的关键技能，如合作精神、批判性思维、沟通能力和创新能力，也可能感到无所适从。要想培养具有创造力、能解决复杂问题的未来人才，我们需要重新思考和塑造教育的本质。

因此，教育的未来任务落在了我们这些父母的肩上。我们面临的挑战是如何确保孩子在应试教育体系中生存，同时还能让他们紧跟未来的步伐，培养出综合竞争力。在这个知识更新迅速、学科边界日益模糊的时代，单纯掌握数理化等传统学科知识已不足以应对未来的挑战。我们需要引导孩子拥抱跨学科学习，培养他们的跨界创新思维，让他们能够在全球范围内自信地面对各种挑战。

那么，为什么我们还要特别强调培养孩子的核心竞争力呢？答案很简单：学历并不等同于终身的竞争力。尽管社会普遍倾向于认为受过高等教育的人会拥有更好的就业前景，鼓励人们追求更高层次的教育，但现实情况并不总是那么乐观。

在这个充满变革的时代，我们目睹了一个令人担忧的现象：全球15～24岁的年轻人口数量超过12亿，其中约有7000万人处于失业状态。这不是一个简单的数字，而是关乎无数家庭和个体梦想的实际困境。在众多求职者中，大学毕业生的比例日益增加，但他们面临的就业挑战也越来越大。尽管某些行业急需人才，却因为缺乏相应的技能，许多年轻人依旧步履蹒跚，徘徊在求职的边缘。

在这样的背景下，作为一位专注于家庭教育和心理咨询的作家，我想通过几个真实的案例来讲述那些对于未来社会至关重要的三大核心能力：终身学习能力、社会交往能力和好奇心。

（1）终身学习能力

从心理学视角看，这也是一种成长型心态（Growth Mindset），是达成理想的自我目标的关键。我们每个人在每个时期所需的能力不是固定的，而是可以通过努力来提升的。作为父母，我们对孩子的作用不仅是监督和指导，而且是激励和支持。我们成为孩子探索世界的伙伴，共同面对挑战，共同成长。这个过程中，我们不仅在帮助孩子准备未来，也在与他们一起塑造更加美好的世界。

身边人给我的评价是“人生无限，折腾不止”。虽然在学校所学的知识并不是我在工作中能全部应用上的，但我在每一份工作中，以及在家庭育儿的过程中，都没有停止学习的脚步。

记得小时候，我总是在想：我学这么多东西到底是为了什么？长大后，我到底能干点什么呢？后来，当我自己也成了妈妈，看着自家的小宝贝们一天天长大时，我更加坚定了一个想法：绝不能让他们失去学习的兴趣，变得对未来无所期待。

所以，我开始了自我的探索之旅。我学习了脑科学、教育学、生命科学和心理学等，就是想找到一种方法，能让我的孩子们在未来的世界里游刃有余。我不断探索、学习新的技能，正是这项能力使我在事业上始终保持竞争力。甚至在35岁那年，我成功转型成为一名国家注册心理咨询师和家庭天赋教育指导师。

当自己养育3个孩子后，我觉得最懂孩子的人其实还是父母。所以，我开始和更多的爸爸妈妈们分享：如何一起助力，给孩子创造更好的成长环境。我相信，父母不能只看孩子的考试分数，更要看到他们作为一个人的全面发展。只有父母、老师、学校，还有整个社会一起努力，孩子才有可能过上真正幸福的生活。

（2）社会交往能力

在这个充满挑战与机遇的世界里，拥有良好的社会交往能力对于每个人来说都至关重要。

大学生赵雷在学术领域表现出色，但在与人沟通时却遇到了困难。同学们常常吐槽他缺乏同理心，这让他感到非常苦恼。尽管他试图改变这种状况，但他总觉得自己无法真正理解他人的感受和需求，这成了他人际交往中的一大障碍。

毕业在即，赵雷意识到，无论是在面试中，还是日后的工作场合，良好的社会交往能力都是不可或缺的。因此，他下定决心要改变这种状况。他开始参加校内外的社交活动，如加入兴趣小组、参与志愿者服务等。这些活动提供了与人交流的机会，帮助他逐渐融入群体。

除了参加社交活动，赵雷还报名参加了公共演讲培训课程。这些课程不仅教会了他有效地表达自己的想法，还通过模拟演讲的方式让他在实践中不断提高。通过不断地练习，他的自信心得到了显著提升。

赵雷意识到，单纯的社交技能提升并不能完全解决问题，他还需要学会更好地理解他人。于是，他开始阅读有关心理学和人际关系的书，并尝试将书中的理论应用到日常生活中。他学会了倾听、观察他人的非语言行为，以及从他人的角度思考问题。这些努力让他逐渐能够更好地理解和同情他人。

经过几年的努力，赵雷在社交方面取得了显著的进步。他不仅在工作中表现出色，还成了团队中不可或缺的“桥梁”。更重要的是，他学会了与不同背景和性格的人有效沟通，这让他的人际关系更加和谐。

赵雷的案例也展示了当代青年社会交往能力在实际生活中的重要性。通过参与社交活动和公共演讲培训，他不仅提高了自己的社交技能，还通过阅读和实践学会了培养同理心。心理学告诉我们，有效的沟通不仅包括语言的交流，而且能够理解他人的情感和需求。通过不断学习和实践，每个人都能够克服自身的不足，提升自己的社会交往能力。无论是在职业生涯中，还是个人生活中，我们都可以更好地成为自己、完善自己。

（3）好奇心

在这个快速变化的世界中，好奇心不仅是学习的催化剂，而且是推动我们不断探索和成长的动力。

我合伙人的孩子在还是小学生时，就对天文学有着不同寻常的热情。每当夜幕降临、繁星点点时，他的心中就充满了对宇宙无限的好奇和向往。他利用课余时间阅读大量的天文学书籍，通过望远镜观察星辰，参与天文俱乐部的活动，与好友们分享自己的发现和想法。

在学校的一次科学展览中，他凭借自己对天文学的深入了解和创新展示赢得了第一名的荣誉。这不仅是对他个人努力的肯定，更是对他持续好奇心的最佳奖赏。对于他而言，好奇心不仅是学习的动力，更是他个性发展的关键因素，帮助他建立了自信心，促进了他的社交能力，并激发了他的创造力。这次成功不仅激励了他继续在天文学领域深耕，也为他日后的学术生涯铺平了道路。

从心理学的角度看，好奇心是一种内在的动机，它驱使我们自动探索未知、学习新知识。鼓励孩子追随自己的好奇心，支持他们探索感兴趣的领域，这一点非常重要。父母可以通过以下方式培养孩子的好奇心。

第一，提供资源：为孩子提供感兴趣的书籍、工具或活动，如天文望远镜、科学实验套装等。

第二，共同探索：与孩子一起参与他们的兴趣爱好，如一同参加天文观察活动。这不仅能增进亲子关系，也能增强孩子的学习兴趣。

第三，鼓励提问：鼓励孩子提出问题，并引导他们自己寻找答案。这个过程能够进一步激发孩子的好奇心。

第四，正向认可：对孩子在追求兴趣的过程中取得的每一次进步给予认可和表扬，增强他们的自信心和持续探索的动力。

父母通过这些实际行动，不仅能帮助孩子发展特定的兴趣爱好，而且能够培养他们面对未知世界的勇气和自信。

终身学习能力、社会交往能力和好奇心对于个人的成长和社会适应性有着不可估量的价值。我相信在人工智能时代，这些能力比任何时候都重要。因为机器可以替代很多技能，但它永远取代不了人类的情感和创造力。在这个世界上，每天都有新事物出现，我们不可能预测未来会是什么样，但我们可以做的就是让自己的孩子拥有一颗健康、快乐的心，以及面对未来所需的各种能力。

作为父母，我们的责任是为孩子提供一个鼓励探索、支持学习和培养社交技能的环境，让他们拥有在未来社会中发光发热的能力。在这个过程中，我们不仅是他们的引导者，而且是他们成长道路上的伙伴。让我们一起努力用爱和智慧，为孩子的未来核心竞争力插上翅膀吧！

行动方案

当下的觉察：请每位家长思考，你希望自己的孩子在成长之路上收获什么？你能给他们提供哪些资源？你如何为他们规划未来？

下一步行动：针对培养自家孩子的核心竞争力，制定1～2个可执行的行动方案。

科学制订家庭教育计划

养育孩子既是一场挑战，也是一段美妙的旅程。每个家庭都有其独特的故事，而如何在这个故事中编织出最佳教育方案，是所有父母都会面临的课题。本节借助一个通常应用于企业管理的工具——SWOT 分析，探索父母如何为家庭制订教育计划。

SWOT 分别代表优势（Strengths）、劣势（Weaknesses）、机会（Opportunities）和威胁（Threats）。虽然它起源于企业管理领域，但对于个人甚至家庭教育战略的规划同样能提供极大的帮助。

想象一下，某个家庭发现自己的孩子在音乐方面有非凡的天赋，这便是他们的优势。然而，父母双方因工作繁忙，难以抽出足够的时间陪伴孩子练习，这便是他们的劣势。面对这样的情况，父母可以利用周末和假期的机会安排更多亲子音乐活动，同时寻找合适的音乐老师或课外班，帮助孩子进一步发展这项技能。

通过这样的分析，父母可以更客观地认识到自己在家庭教育中的角色，利用优势，改善劣势，抓住机会，应对挑战。例如，如果父母自身具备良好的语言能力，那么他们可以在日常生活中与孩子进行更多的语言交流，提高孩子的语言表达能力。

而如果家庭经济条件允许，父母也可以为孩子提供更多学习资源和机会，如参加夏令营、海外游学等。

不过，每个家庭的情况都是不同的。例如，李先生和王女士非常注重孩子的全面发展，他们发现孩子在数学和科学方面表现出了浓厚的兴趣。通过 SWOT 分析，他们意识到尽管自己在这些领域的知识有限，但可以利用网络资源和社区活动作为学习的机会，同时寻找专业的辅导老师来弥补这个劣势。

通过深入的自我分析和家庭分析，每个家庭都可以根据自己的实际情况，制订最适合自己的家庭幸福养育计划。这个过程可能需要时间和耐心，但正如任何成功的旅程一样，最重要的是开始行动，并愿意在过程中不断调整和优化。

在养育的过程中，每个家庭都面临着独特的挑战和机遇。这正是为什么 SWOT 分析对于父母来说极为重要。通过 SWOT 分析，父母能制订符合自家实际情况的教育计划。简而言之，它为家庭提供了一种定制化的成长路径。

◆ 父母如何使用 SWOT 分析发现自身优劣势

父母如何使用 SWOT 分析进行自我反思呢？一个有效的方法是采用问题倒推法，从自身在家庭教育中的优势、劣势、机会和挑战 4 个维度出发，将每个部分拆解成更小的问题并不断地自我提问。通过这样的自我审视，父母不仅能够获得对自己的清晰认知，还能更深入地了解自己的家庭。例如，有些父母发现自己擅长讲故事，这便是他们的优势。他们可以利用这一点，通过讲述富有教育意义的故事培养孩子的道德观念和想象力。然而，如果这些父母在数学方面不够强，这就是一个劣势。为了弥补这一点，他们可以寻找在线资源或请教辅导老师帮助孩子在这个领域取得进步。

通过这种方法，父母可以更好地利用自己的优势，同时寻找适当的方法克服劣势。这不仅能够促进孩子的全面发展，还能够增强家庭成员之间的幸福连接，共同面对外部环境的挑战。

所有踏上育儿之旅的父母都带有自己独特的“背包”，其中装满了技能、性格特质和生活经验。这些都是父母在养育孩子过程中可以利用的资源。但如何有效地识别和运用这些资源呢？父母可以从探索如何通过自我分析开始，发现自身在家庭教育中的优势和劣势。

（1）聚焦于自己的先天优势

例如，李先生是一位资深软件工程师，他不仅拥有扎实的编程技能，还对科技创新充满热情。在家庭教育中，这些技能和热情转化为他的优势。他能够引导孩子学习编程，激发他们对科学技术的兴趣，甚至一起动手制作小项目，让学习变得生动有趣。

（2）探索自己性格特质方面的优势

例如，张女士以她的耐心和细致闻名于朋友圈。在家庭教育中，这些性格特质使她能够在孩子遇到学习困难时提供温柔而坚定的支持，帮助他们克服挑战，增强自信。

同时，父母也不能忽略家庭生活中的好习惯。例如，王太太有着良好的阅读习惯，每天都会抽时间阅读。这不仅丰富了她自己的知识库，也为家庭创造了阅读氛围，鼓励孩子从小培养爱读书的习惯。

在进行自我分析时，真实和客观是关键。父母需要诚实地评估自己的能力和性格特质，同时也要认识到自己的局限。通过这样的分析，父母不仅能更好地了解自己，还能找到最适合自己家庭的教育方法，帮助孩子成长为自信、独立和有责任感的人。

（3）理解自身的劣势

理解自身的劣势同样重要。劣势并不是用来自我贬低的工具，而是帮助父母成长和进步的契机。父母应以一种温和且接纳的态度，来看看如何识别和改善自己在家庭教育中可能遇到的挑战。

李女士发现自己在耐心方面有所欠缺。她意识到，在孩子完成作业时，自己很容易因为重复的错误而感到沮丧。这让她反思，缺乏耐心可能会对孩子的学习态度产生负面影响。通过这种自我反省，李女士开始寻找其他方法提高自己的耐心，如练习冥想，或者在感到沮丧时深呼吸，以帮助自己保持冷静。

（4）认识到外部环境中的机会和挑战

在寻找机会时，父母可以考虑所处的社会环境如何帮助自己扬长避短。例如，如果某个家长在科技领域有专业知识，他们可以利用当前数字化学习的趋势，为孩子提供更多的学习资源和机会。

同时，父母也要面对外部环境带来的挑战。在当前快速变化的社会中，父母可能会担心自己跟不上最新的教育理念或技术。例如，赵先生可能担心自己对在线教育平台的了解不足，限制了他为孩子选取最佳学习资源的能力。识别这些挑战后，赵先生可以采取行动，比如参加相关的在线课程，提升自己在这个领域的知识。

通过这样的分析，父母可以更清晰地看到自己在家庭教育中的优势和劣势，以及外部环境中的机会和挑战。这不仅可以帮助父母制定更加适合自己家庭的教育策略，也能促使父母不断学习和成长，以更好地应对生活中的挑战。

◆ 家庭使用 SWOT 分析的 3 个实用步骤

以百合妈妈的故事为例，她是一位 36 岁的两个孩子的妈妈，拥有一家母婴用品店。她的生活充满挑战，但也同样充满了机遇。她可以通过 SWOT 分析的 3 个步骤进行一次全面的自我分析，优化自己的家庭教育策略。

（1）内部分析

百合妈妈从自身的优势开始分析。她性格开朗、乐观积极，这使她能够在面对困难时保持良好的心态。她善于发现孩子积极的一面并具有耐心，这些都是她在家庭教育中的重要优势。当孩子在学习上遇到挑战时，她总能以积极的方式鼓励他们，帮助他们找到解决问题的方法。

百合妈妈也有她的劣势。她在遇到紧张的情况时容易急躁，有时也会感到焦虑和情绪不稳定，这可能会影响她与孩子的互动。例如，当家中的小宝宝哭闹不止时，她可能因为自己的焦虑而难以保持冷静。这时她的控制欲也会显现出来，试图迅速解决问题，而不是耐心寻找根本原因。

（2）外部分析

外部分析考虑的是机会和挑战。对于百合妈妈来说，她经营的母婴用品店为她提供了与其他家长交流的机会，让她可以了解更多关于育儿的新信息和策略。此外，作为商业女性，她也具备管理和组织能力，这些技能可以帮助她更好地管理家庭和工作之间的平衡。

然而，挑战也同样存在。在快节奏的生活和高压力的工作环境中，如何保持与孩子之间高质量的互动成了她需要面对的挑战。此外，作为两个孩子的妈妈，如何公平地分配对两个孩子的关注和爱也是她需要考虑的问题。

（3）SWOT交叉矩阵分析

通过SWOT交叉矩阵分析，百合妈妈可以制定具体的家庭教育策略。利用自己的乐观性格和耐心，她可以创造积极的家庭氛围，鼓励孩子面对挑战。同时，她也需要意识到，在面对压力时保持冷静和耐心是非常重要的。这可能意味着她需要学习一些压力管理的技巧，比如冥想或时间管理。

在外部机会方面，百合妈妈可以利用自己的商业网络，为家庭引入更多资源，如参加育儿讲座或引进一些教育新工具。通过网络课程、读书会等方式，她不仅可以提升自己的育儿知识，还能结交更多志同道合的朋友。

同时，她也要面对挑战。例如，通过制定家庭日程表，确保与每个孩子都有高质量陪伴的时间，以及找到工作和家庭生活的平衡点。这时她也需要得到丈夫的支持。她可以与丈夫共同制订家庭教育计划，让丈夫成为自己学习过程中的伙伴。这样不仅能增强两人的感情，还能确保家庭教育的一致性和连贯性。她还可以鼓励大孩子参与到家务中来，不仅可以培养他的责任感，而且能减轻自己的负担。通过这样的方式，她不仅能够提升自己的家庭教育能力，还能够维护和促进家庭成员之间的和谐与互助。

通过这样的分析，百合妈妈不仅能够更清晰地认识到自己在家庭教育中的位置，还能够制定更加有效的策略来应对生活中的各种挑战。

行动方案

当下的觉察：你清楚自己和家庭成员的优势、劣势及机会吗？你有给家庭成员做过系统的教育计划吗？

下一步行动：请你为自己和家人进行一次 SWOT 分析，并基于这个分析制订一份属于你们自己的家庭教育计划。

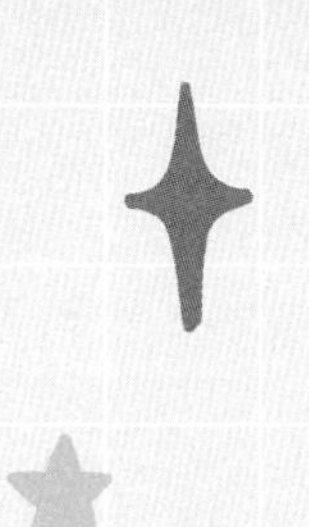

第2章

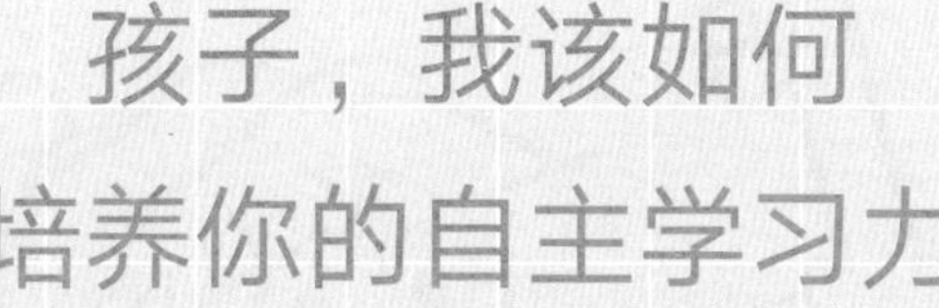

孩子，我该如何培养你的自主学习力

培养孩子的自学能力才是通往成功的“金钥匙”。

在家庭中培养孩子自主学习力的好处

在一个温暖的春日午后，我有幸听到了两位家长的经历，他们的故事如同明灯，照亮了我教育孩子的道路。这两个故事，一个是提醒，另一个则是启示。

一个是张先生的经历。张先生回忆说，从他的孩子踏入小学的大门开始，他就像影子一样紧随其后，每天不辞辛劳地陪伴孩子完成作业、复习、预习。仿佛没有他的辅导，孩子就会失去方向。然而，这份出自爱心的过度帮助，最终却让孩子错失了进入高中的机会。原因何在？经过深刻反思，张先生认识到正是自己的无微不至让孩子逐渐丧失了独立思考的能力。孩子形成了依赖心理，认为“反正有爸爸在，我就不用太努力”。这种思维导致孩子上课时分心，不愿意主动学习。这段经历让张先生坚信，家长的过度介入，实际是在无形中削弱孩子的自主学习能力。

相对于张先生的教训，蔡先生的故事则充满了正能量。蔡先生是一位普通的父亲，却有着非凡的见解。他的 6 个孩子无一例外都成了社会精英，其中 5 位获得了博士学位，1 位拥有硕士学位。特别是他的大儿子，在 36 岁那年成为美国宾夕法尼亚大学历史上最年轻的终身教授。而他的小女儿在 18 岁时考入麻省理工学院攻读博士学位，22 岁时又获得哈佛大学博士学位，并成为哈佛大学的终身教授。

蔡先生的秘诀究竟是什么呢？他坦言，孩子的成功全靠他们自己。在养育过程中，他发现孩子们天生拥有强大的自学能力，他所做的只是挖掘并引导这个能力。

这两个故事可以给所有的父母以启示：真正有效的教育，不在于父母为孩子做了多少，而在于父母是否激发了孩子自主学习的能力。张先生的经历提醒我们，过度的帮助可能会成为孩子成长的“绊脚石”。而蔡先生的成功案例则向我们证明，培养孩子自主学习的能力才是通往成功的“金钥匙”。

在这个飞速发展的时代，自主学习的能力尤为重要。我们正生活在一个信息爆炸的世界里，知识更新的速度比以往任何时候都快。从蒸汽机的轰鸣到互联网的无界，再到人工智能的智能化，每一次工业革命都在推动社会前进，同时也在不断地重塑我们所需要的技能。在这样的背景下，终身自主学习已经成为每个人的必修课。

◆ 自主学习：解放父母的引导之光

简单地说，自主学习意味着一个人主动寻求知识，不是因为外界的压力或要求，而是出于内心的渴望，并且具备规划和控制自己学习过程的能力。这种学习方式的动力源泉是内在的，是由个人的兴趣、信念、目标和自我效能感驱动的。

张华是一个普通大学生，却有着非凡的编程才能。他不满足于课堂上的知识，而是在业余时间追求自己的编程梦想。大学期间，他发现了编程的乐趣，并决定将其作为自己的职业方向。

张华并非一开始就精通各种编程语言，而是从零开始，通过自学和在线课程逐步掌握了 Python、Java、C++ 等多种语言。他并不局限于理论知识，而是通过实际项目的实践不断提高自己的技能。在他的世界里，编程不仅是一门技术，而且是一种创造力和思维方式的体现。

毕业后，张华并没有在求职的道路上畏缩不前，而是充满信心地投入程序员的工作中。他的热情和专注让他很快融入团队，并展现了非凡的工作能力。无论是面对复杂的代码逻辑，还是繁重的任务，他总能保持冷静并迅速找到解决问题的方法。

张华的努力和才华没有被埋没，他在工作中的出色表现引起了上级的注意。不久，他就得到了晋升的机会。这不仅是对他个人能力的认可，而且是对他自主学习、不断进取精神的肯定。

张华的成才并非偶然，而是源于他对编程的热爱和不懈地自主学习。他用实际行动证明了只要有自主学习力并坚持不懈，即使是普通大学生，也能创造非凡的成就。他的故事也告诉我们，自主学习不仅可以让我们适应未来的挑战，还可以帮助我们实现个人价值和职业发展。

我们可以从以下 6 个方面理解自主学习的特征。

第一，学习动机。这是自主学习的起点。一个人如果具备强烈的内在动机，例如，对某个领域的兴趣或对知识的渴求，那么他就更有可能投入自主学习中。

第二，自我效能。这是指个人对自己完成某项任务的能力有信心。一个相信自己可以通过努力学习新知识的人，更容易坚持下去。

第三，价值意识。这是指个人认为学习某项知识或技能是有价值的，这种价值可以是具有实用性，也可以是有助于个人成长。

第四，学习信念。这是指个人对学习有积极的态度和正确的认识，比如认为努力比天赋更重要。

第五，归隐倾向。这是指个人在遇到困难时能够将成功或失败归因于自己的努力，而非外界因素。

第六，目标定位。这是指个人能够为自己的学习设定明确的目标，并为达成这些目标制订计划。

总之，自主学习是一个涉及内在动机、自我管理和持续成长的过程，培养孩子的自主学习能力是一件至关重要的事情。

◆ 在家庭中，高效培养孩子的自主学习能力就靠这两招

作为父母，我们的任务是提供指导和资源，帮助孩子发现学习的乐趣，从而激发他们内在的学习动机。通过以下两个方法，我们可以引导孩子走上自主学习的道路，让他们在知识的海洋中自由地航行。

第一，恰到好处地支持：协助孩子找到适合自己的学习方法，培养孩子自主探索的能力，提升他们的学习效率与自信。

第二，精心设计的挑战：协助孩子精准选择学习内容，培养孩子挑战“最近发展区”的能力。

如何做到这一点呢？我们通过具体的案例来探索这个问题。

在六年级的数学课堂上，唐明是那位总喜欢在课后抓住老师询问问题的学生。他眼中闪烁着好奇的光芒，对数学这门学科充满了探索的热情。虽然他现在对数学充满了好奇，但以前也面临过一些挑战，他的数学成绩总是不稳定。他父母意识到，简单地命令他多做练习并不是最有效的方法。相反，他们决定采取一种更加支持性的方法来激发唐明内在的动力，让他在学习数学的过程中找到乐趣与成就感。

首先，唐明的父母决定引导他参考一些学习资料上的方法指导，这是他们在一次家长会上学到的方法。这些方法不仅包

括传统的笔记技巧和复习方法，还包括如何有效地设立学习目标、如何利用在线资源，以及如何通过实践来巩固知识等。他们鼓励唐明自己探索，并找到适合自己的学习方式，而不是一味地被动接受。唐明很快就发现了一些适合自己的学习技巧，比如通过制作彩色的记忆卡片来记忆公式和重要概念，通过参加在线数学课程来拓展自己的知识面等。这些方法让他感到学习变得更加有趣和有效率，也增强了他对学习数学的信心。

其次，在选择学习内容方面，唐明的父母非常注重选择符合他“最近发展区”的内容，也就是他目前能够理解和掌握的知识及技能的范围内。换句话说，就是孩子当前已经学会了一些内容，但还有一些稍微难一点的内容，也不是太难，正好是孩子可以努力挑战自己的地方。例如，如果你能够顺利解决一些 60 分难度的数学问题，那么你目前的“最近发展区”可能是 70 分难度的题目，这样就能让你有挑战但不会太难。通过不断地挑战“最近发展区”的内容，孩子可以逐步提高自己的能力。

以数学为例，如果唐明目前能够独立解决难度为 60 分的题目，父母就会鼓励他尝试难度为 70 分的题目，而不是直接跳到 90 分的高难度题目。他们明白，给予唐明适当的挑战可以激发他的学习动力，让他在适度的压力下感受到进步的喜悦，而不是在过于艰难的任务面前感到挫败。因此，他们在与老师和唐明进行沟通后，为唐明制订了个性化的学习计划，根据他的学习进度和能力逐步提高难度，让他在学习中始终保持挑战和动力。

这种支持性的学习方法并非一蹴而就的，但唐明的父母坚信，通过他们的努力和耐心，唐明一定能够充分发挥自己的潜力，取得更好的成绩。他们不强求唐明一定要成为数学天才，而是希望他在学习过程中培养坚韧不拔、积极进取的品质，这将是他未来人生中最宝贵的财富。唐明慢慢地适应了这种支持性的学习环境，他的数学成绩也不断提升。他开始享受数学学习的过程，而不仅仅是为了应付考试。通过这种积极的学习方式，唐明不仅在数学上取得了显著的进步，而且学会了自我驱动、评估自己的学习状态，以及根据自己的需求选择最合适的学习材料，同时培养了自信、坚韧和自律的品质，为未来的学习和生活奠定了坚实的基础。

唐明的故事也证明了孩子被赋予选择权、被鼓励在自己的发展区探索时，不仅能够更好地学习，而且能享受学习过程，这是任何强制性任务都无法比拟的。

◆ 在多元化的学习生态系统中快速找到自主学习资源

在知识爆炸的时代，教育已经远远超出了传统的学校课堂。经常困扰父母的问题是如何帮助孩子高效学习，让孩子知道什么时候学习，以及在哪里学。这不仅关乎学习的时间管理和规划，而且关乎如何在多元化的学习生态系统中精准地找到帮助孩子提升自主学习能力的资源。

首先，我们谈一谈“什么时候学”的问题。

如今，学习已经超越了简单的死记硬背，而是需要有计划、有目的地安排学习时间。

初中生李浩深谙有效学习的要诀，并将时间管理与学习规划的策略巧妙融合。每周，李浩都会制订一份详细的学习计划，为每个科目设定具体的学习目标。这样的做法不仅帮助他有效平衡了学习和休息时间，还让他有更多的时间参与体育活动和兴趣小组，实现了全面发展。

李浩的学习计划并不是一成不变的，而是根据学习进度和需求不断调整。他会在每周初评估上周的学习情况，总结经验教训，然后制订下一周的学习计划。这样的循环反馈机制使他的学习过程更加科学高效。

例如，李浩每天晚上会预先规划第二天的学习任务，并根据任务的紧急程度和重要性安排学习时间。他会给自己设定明确的学习目标，并将其细化为可操作的小任务，如完成一篇作文、解决数学练习等。这种有目标、有计划的学习方式让他在有限的时间内完成了更多的任务，也更容易保持专注和动力。

李浩的学习计划不仅注重学习时间的规划，还充分考虑了休息和放松的时间。他清楚地认识到，合理的休息是提高学习效率的关键。因此，他会在学习时间和休息时间之间设定明确的界限，并在休息时间内做一些放松身心的活动，如户外运动、读书、与家人交流等。这样的安排不仅让他的大脑得到了充分的休息，而且有助于提高学习的专注度和效率。

李浩的父母对他的学习计划给予了充分的支持，他们与李浩密切合作，共同制定学习目标并定期进行跟踪和评估。这种家庭教育的支持让李浩更有信心和动力执行自己的学习计划，也更容易克服学习中的困难和挑战。

总的来说，李浩通过有效的时间管理和学习规划，成功地提高了学习效率，实现了学业和兴趣的双丰收。他的经历告诉我们，只有合理安排学习时间，并结合实际情况进行灵活调整，才能在激烈的学习竞争中脱颖而出。

接下来，我们探讨“在哪儿学”的问题。

如今，学习的路径不再是单一的、局限于学校教室的那条线。孩子有着更多样的选择，他们可以在家庭、社区、网络甚至大自然中汲取知识的养分。

王坤是一个对历史充满浓厚兴趣的初中生。在学校的历史课上，他时常如饥似渴地吸收着老师的讲解和教材中的知识。但他并不满足于此，他追求更广阔的历史视野，更深刻的历史理解。于是，在课余时间，他父母也引领他开启历史探索之旅。

首先，他们会利用互联网，陪伴孩子频繁地访问各种在线博物馆。在这些虚拟的展厅里，王坤仿佛穿越了时空，置身于古老的文明之中。他看到了埃及的金字塔、中国的长城、希腊的雅典卫城……每一次点击，都是对历史的一次探索，都是对过去的一次致敬。

除了互联网，他们还善于利用社区及其他周边资源。他们也会让孩子经常参加社区或其他社会团体举办的历史讲座和展览。在这里，孩子不仅能够倾听专家学者的深度解读，还能与其他历史爱好者交流心得。这种面对面的交流让王坤对历史有了更深入的理解，也结识了许多志同道合的朋友。

同时，他们也善于利用身边的资源。例如，他们经常一家人前往各种历史遗址进行实地考察。他们走过古老的城墙，探寻古老的石刻，感受历史的厚重和庄严。每一次实地考察，都是一次身临其境的历史之旅，都是对过去的一次亲密接触。

父母激励和陪伴孩子的学习之路并不是一帆风顺的，他们也会遇到了各种各样的困难和挑战。有时，孩子会因为遇到难以理解的历史事件而感到困惑；有时，孩子会因为记忆繁杂的历史资料而感到压力很大。但正是这些困难和挑战通过多元化的引领方式开启了多样化的学习环境，不仅拓宽了孩子的视野，还培养了孩子的批判性思维和创造性思维。这些能力将伴随他

们一生，成为他们追逐梦想的利器。

父母的任务是引导孩子认识到学习不仅是一种责任，而且是一种探索和成长的旅程。通过高效的时间管理、利用丰富的学习资源及明确的目标设定，父母可以协助孩子在多变的世界中找到自己的位置，成为终身学习者。

行动方案

当下的觉察： 在家庭中，你有没有主动陪伴和引领孩子锻造自主学习力？

下一步行动： 接下来，你将会通过什么样的方法协助孩子养成自主学习的习惯，进一步解放自己？

培养孩子自主学习能力的4个关键阶段

在孩子成长的过程中，培养他们的自主学习能力是一项至关重要的任务。这个过程可以分为“养、帮、扶、放”4个阶段。从孩子出生到18岁，父母要逐步引导他们学会独立思考和学习。我们可以通过一些实例深入了解这个过程。

◆ 养：埋下自主学习的种子（1～6岁）

在孩子1～3岁时，父母正处于孩子培养自主感的黄金时期。父母在这个阶段的任务是理解和接纳孩子。例如，2岁的孩子在吃饭时喜欢把碗扔到地上，在洗澡时喜欢把水盆掀翻。这些行为虽然让人头疼，但实际上是孩子表达独立欲望和自我意识的方式。面对孩子的这些行为，父母的接纳和理解至关重要。

在3～6岁时，孩子开始展现更多的主动性。这时，父母应该鼓励孩子自主探索和游戏，满足孩子的独立需求，还权于孩子。

想象一下，一个5岁的孩子第一次尝试自己扫地。他笨拙地操作着扫帚，扫得并不干净，但他的眼睛里闪烁着一种成就感的光芒。作为父母，我们的直觉可能是立即接过扫帚，展示

“正确”的方式。但在这个阶段，更重要的是父母要理解和放手。我们可以鼓励孩子：“哇，你扫得真不错！我都没想到你能做得这么好！”即使地面还有些灰尘，那又怎样？我们作为父母，首先应该做的是把学习的主动权、安全感和话语权交给孩子。如果我们自己对卫生的要求比较高，当孩子不在时，我们可以“偷偷”再扫一遍。关键是让孩子感受到自己的努力被认可，自己是有能力的人。

另外，留出足够的时间让孩子自由玩耍。这个阶段的父母可以减少玩具的数量，鼓励孩子用有限的资源发挥无限的想象力。这种自由探索的环境，为孩子形成自主学习能力打下了坚实的基础。

长期坚持同一件事对孩子来说同样重要。设想孩子每天都有一个固定的任务：整理自己的玩具。开始时，他可能会觉得这是一项乏味的任务。但在父母的鼓励和支持下，他会逐渐意识到，每天完成这项任务后能更快地找到自己想要的玩具，这让他感到满足和快乐。这样的生活实践教会孩子：坚持和努力能带来积极的结果。

随着孩子年龄的增长，父母的作用也逐渐从直接的“养”转变为“帮”“扶”和“放”。这意味着父母不仅要继续支持孩子的自主学习，还要教会他们设定目标、管理时间和反思进步。在这个过程中，父母的支持和引导是关键。

◆ 帮：提供工具和方法（7 ~ 10 岁）

在这个阶段，父母可以鼓励孩子独立完成一项任务。

例如，孩子第一次尝试自己做家庭作业，他画的图形不够完美，字迹有些歪斜。看到这一点，父母可能会急忙伸手帮助。但是，这样做实际会削弱孩子的自信心。此刻父母可以克制自己的冲动，给予孩子足够的时间和空间，让孩子自己完成任务。当孩子进入小学后，父母开始教他如何制订学习计划，并鼓励他在完成作业后自我反思。

通过这种方式，孩子能学会独立思考和解决问题，他会因为自己独立完成任务而感到自豪。

在孩子的 7 ~ 10 岁阶段，父母的角色逐渐从直接的照顾者转变为引导者和支持者，目标是帮助孩子发展自主学习的能力，让他们学会独立思考、解决问题，并对自己的学习负责。父母在这个过程中可以通过以下具体的方法有效地支持孩子。

第一，给孩子设置固定的学习时间。例如，每天放学后的第一个小时是完成作业的时间。这有助于培养孩子的时间管理能力和学习习惯。

第二，为孩子创建专门的学习空间。这个空间应该安静、整洁，有足够的光线，远离电视和其他干扰因素。这有助于孩子集中注意力。

第三，向孩子介绍不同的学习技巧，如制作思维导图、使用闪卡复习、进行小组讨论等。通过实践，孩子可以找到最适合自己的学习方法。

随着年龄的增长，特别是在7～8岁阶段，孩子开始面对更多的学习挑战。这时，父母可以引导孩子进行体验式学习，如通过参观科学博物馆、进行户外探索活动或动手做一些实验，激发他们的好奇心和探索欲。这种学习方式不仅是用眼睛看、耳朵听，而且是用心感受、用手操作，让孩子全身心地投入其中。通过这样的体验，孩子不仅能够学到知识，还能培养自主学习的能力和热情。

◆ 扶：引导自我管理（11～14岁）

到了青少年时期，孩子已经能够自主管理自己的学习和兴趣发展，父母的作用更多地转变为耐心的引导和正向反馈。

例如，11岁的孩子对天空中的星星充满好奇，他渴望了解更多，但不知道从哪里开始。这时，父母首先要做的是引导他探索这个话题——从查阅资料到记录观察结果，再到分享他的发现。父母要帮助孩子理解学习的流程，把握学习的方法，而不仅仅是提供答案。

这个阶段的孩子往往情感丰富，充满了探索的冲动，但他们在逻辑思维和行动上可能还不够成熟。例如，孩子可能一心想通过望远镜观察星星，却忽略了需要先了解星座、学习使用望远镜。这时，父母需要耐心地指导他，帮助他平衡冲动与理性，鼓励他制订简单的学习计划，比如每晚观察一次星空并记录看到的内容。接下来，父母还可以为孩子提供充分的自由表达、研究、质疑和讨论的机会。孩子可以自己收集信息，整理分析数据，并从中获取知识。这个过程不仅提高了他的能力，也增强了他的自信心。

父母可以通过以下 3 个步骤完成。

第一，目标设定。父母可以教会孩子为自己设定短期和长期的学习目标，这些目标应该是具体、可衡量、可达成的；然后，帮助他们制订实现这些目标的计划。

第二，时间管理。父母可以引导孩子学会合理安排自己的时间，包括学习、休息和娱乐；可以引入时间管理工具，如日历、计划表等，帮助他们更好地掌控时间。

第三，自我反馈。父母可以鼓励孩子在学习过程中进行自我监测和反思。例如，每周回顾一次自己的学习情况，总结哪些方法有效、哪些需要改进。

◆ 放：支持独立学习（15 ~ 18 岁）

孩子步入 15 ~ 18 岁阶段，已经逐渐适应学校生活，并具备对知识的掌握能力。这时，他们可能已经开始独立完成复杂的项目，如组织一次学校的天文观测活动。父母的作用转变为提供必要资源的支持，让孩子有足够的空间自主学习和成长。重要的是父母对孩子应保持必要的边界感，不强势，避免过度干预，让孩子在尝试中学习，发现自己的潜力和兴趣。

此外，鼓励孩子与同伴交流和合作也非常重要。想象一下，孩子和同学们一起参加了学校的科学项目，他们需要共同讨论问题，分享彼此的想法，并最终形成团队合作能力。这种同伴间的互动不仅能激发思维，还能帮助孩子学会在团队中工作。

在这个阶段，父母不仅帮助孩子学会了学习，而且教会了他们在生活中不断发现问题、解决问题。正是这种能力将伴随他们一生，帮助他们在未来的道路上不断前进。

父母可以通过以下 3 个步骤完成。

第一，鼓励探索兴趣。父母可以支持孩子探索自己感兴趣的领域，无论是科学、艺术、体育，还是其他任何领域。

第二，提供资源。父母可以为孩子提供所需的学习资源，如参考书、在线课程、工作坊等；同时，鼓励他们自己寻找和评估信息来源。

第三，培养解决问题的能力。当孩子遇到学习上的难题时，父母不要立即给出答案；相反，父母应引导他们自己思考可能的解决方案，从而培养他们解决问题的能力。

在这个阶段，父母的任务是提供支持和鼓励，陪伴孩子在探索的过程中成长。通过理解和放手，鼓励孩子独立完成任务，以及培养坚持的好习惯，父母可以帮助孩子建立自信和自主学习的能力。这样，他们就能更好地面对未来的挑战，并在生活的各个方面取得成功。

通过以上 4 个阶段的逐步引导，孩子将学会自我管理、独立学习，并为未来的学习和生活打下坚实的基础。

行动方案

当下的觉察：目前，你孩子的自主学习动力如何？正处于自主学习的哪个阶段？

下一步行动：接下来，你会先从哪个步骤开始，助力孩子开启自主学习力？

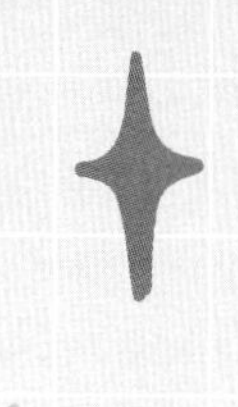

第 3 章

孩子，我该如何安抚你的情绪，让你能够有效化解压力

通过看见、接纳和理解，帮助孩子处理负面情绪。

负面情绪：让孩子产生内耗的最大原因

生活中的小冲突，往往根植于那些未被理解的情感深处。想象一下，当孩子的脸上挂着泪珠、产生负面情绪时，如果父母无法及时安慰，就会将孩子从沮丧推向愤怒。长此以往，亲子之间的“桥梁”便会逐渐崩塌，父母将很难再走进孩子的内心。

但是，请不要担心，我将从心理学的视角出发，陪伴父母们科学地认识孩子的负面情绪，并分享一些实用的策略，帮助你正确安抚不同年龄段孩子的情绪。

◆ 负面情绪到底是什么

心理学将焦虑、紧张、愤怒、沮丧、悲伤、痛苦等情绪归为负面情绪。这些情绪之所以被视为“负面”，是因为它们会带给我们身体上的不适，甚至影响我们的学习、工作和日常生活。然而，产生负面情绪并非全然是坏事。从进化的角度看，产生负面情绪是我们身体的自我保护机制造成的。例如，适度的焦虑可以激励人们更加专注地准备考试或面对挑战。

当孩子出现负面情绪时，父母不必过分担忧。这些情绪反映了孩子的内心渴望及未被满足的需求，关键在于父母如何引导孩子将这些情绪保持在健康的范围内。

人们之所以会产生负面情绪，往往是因为某些需求没有得到满足。这里，我分享一个真实的故事。

有一次，我家老二因为在学校被同学嘲笑长得胖而感到非常沮丧和愤怒。回家后，她的情绪非常低落。我及时注意到了这一点，但没有立即询问原因，而是先给她一个温暖的拥抱。晚餐时，我再用平静和支持的语气鼓励她分享自己的感受。通过倾听和理解，我及时帮助她认识到每个人都有面对难过的时候，重要的是学会从中拿到成长的礼物。这个过程不仅缓解了老二的负面情绪，也加深了她对我的信任和理解。

父母看到孩子有一些不适的情绪时，需要通过看见、接纳和理解，帮助孩子处理负面情绪，而不是简单地压制或忽视它们。我们的目标不是阻止孩子感受负面情绪，而是教会他们如何理解这些情绪，并找到健康的应对方式。通过一些方法，我们不仅能够和孩子建立更加稳固的亲子关系，还能帮助孩子形成更加坚韧的心理素质。这样，我们不仅能帮助孩子学会管理自己的情绪，还能支持他们在未来独立面对挑战。

◆ 智慧解读孩子不同阶段的情绪需求

作为一位致力于家庭教育的专业指导师，我深知理解孩子内心需求的重要性。在这里，我想用一种更加通俗易懂的方式，结合实例讨论心理学大师马斯洛的需求层次理论及奥尔德弗对此理论的补充，以帮助父母更好地理解和应对孩子在不同成长阶段的情绪问题。

马斯洛需求层次理论将人的需求分为 5 个层次：生理需求、安全需求、社交需求、尊重需求、自我实现需求。简单地说，这意味着在追求更高层次的精神需求之前，人们首先需要满足基本的生理需求。

百合是一个 7 岁的孩子，她的生理需求（如食物、水、睡眠）得到了满足，但如果她感到在学校不被老师和同学接纳（社交需求未得到满足），就可能表现出焦虑或抵触学校的行为。

这说明即使基本的生理需求得到满足，未满足的社交需求也会影响孩子的行为和心理状态。

而奥尔德弗在马斯洛需求层次理论的基础上将人类的需求简化为 3 个核心类别：生存、关系和成长。这可以帮助我们更直观地理解，无论是哪个年龄段的孩子，他们都有这 3 个方面的需求，只是需求的优先级随着成长而变化。

15 岁的李华在青春期除了生理上的变化，他还渴望与同龄人建立更深层次的关系（关系需求），同时也开始探索自己的兴趣和潜能（成长需求）。如果他感觉到自己在这些方面受到限制或不被理解，则可能导致挫败感或反抗行为。

因此，作为父母，我们需要认识到，孩子的需求在其成长过程中的每一个阶段都在变化。我们的任务是通过倾听、观察和理解来满足孩子在不同阶段的具体需求。例如，为孩子提供安全、稳定的家庭环境，满足他们的安全需求；通过家庭活动和支持孩子的兴趣，增强他们的归属感和自尊心；鼓励孩子探索自我和追求梦想，帮助他们实现自我成长。

了解和满足孩子的需求，不仅需要父母的爱和耐心，还需要父母对心理学原理的理解和运用。通过满足孩子在不同成长阶段的需求，父母可以帮助孩子建立健康的自我认知，培养积极的人际关系，最终实现自我成长和发展。

孩子在被同学孤立、缺乏信心、受到轻视和伤害，或者在班级有学习成绩低人一等的感受时，都会产生不安全感，甚至有更多的负面情绪。根据这个理论，父母可以知道孩子的负面情绪是十分正常，并且有据可循的。

父母在面对孩子的难过、愤怒、悲伤等负面情绪时，一定不能用自己的情绪和孩子的情绪较劲，而是要先了解孩子产生情绪的原因。接下来，我们就看看孩子的情绪背后，究竟隐藏着怎样的目标和需求。

例如，当孩子烦躁不安时，其实是他在寻求关注，他需要感觉和别人有连接；当孩子生气时，其实是他在寻求一种权利，需要感觉到自己有能力；当孩子感觉很受伤时，其实是他需要感觉自己很重要、很有价值；当孩子感觉到无助无力时，其实是他想要放弃，他需要感觉到自己有勇气。

孩子的每一种情绪背后都有隐藏的目标和需求，父母可以根据孩子情绪背后的目标和需求给予其有效的安抚。在家庭教育的海洋中，理解和安抚孩子的情绪就像一艘航行的船，需要用耐心和智慧去驾驭。

行动方案

当下的觉察：以前，你的孩子容易在哪些行为上产生情绪内耗？你有及时看见和解决吗？

下一步行动：请梳理清楚你孩子在目前年龄段的情绪需求，给出 1~2 个孩子情绪背后没被看见的需求及解决方案。

不同年龄段的孩子产生负面情绪，家长如何安抚

◆ 1～3 岁孩子的情绪安抚方式

这个年龄段的孩子正处在人生的初期，学习用自己的方式与世界交流。他们因为语言表达能力有限，往往通过哭泣、扔东西等行为表达自己的需求和情绪。这时，父母的任务就是成为他们情感的翻译者和安全的港湾。

家中小宝宝突然开始哭闹不止，还把手中的玩具扔到地上。看到这一幕时，你会如何处理？这时，妈妈如果没有立即生气，而是先用几个深呼吸来平复情绪，然后轻轻抱起宝宝，用柔和的声音说：“宝贝，告诉妈妈，是什么让你这么难过呢？”尽管宝宝还不会用清晰的语言回答，但妈妈的拥抱和语气能给他极大的安慰。

接着，妈妈开始尝试用简单的话语代替宝宝的感受：“是不是觉得饿了呢？还是玩具让你感到不开心了？”通过这样的提问，妈妈不仅帮助宝宝慢慢认识和表达自己的情绪，也让宝宝感到被理解和关注。

同时，妈妈也注意到安全问题，她把宝宝可能会扔的东西放到他够不着的地方，避免了可能的伤害。在整个过程中，妈

妈始终保持着耐心和平静，没有在公共场合或家里责骂或打宝宝。

这个小故事告诉我们，面对 1 ~ 3 岁孩子的负面情绪，父母需要做的不是讲道理，而是通过拥抱、安慰的动作和帮助孩子表达情绪的语言来提供支持。这种方式不仅能够缓解孩子的负面情绪，还能加强亲子之间的情感联系，让孩子感受到无条件的爱和安全感。

每一个情绪的背后，都是孩子对这个世界的探索和对自我认知的尝试。父母的任务就是用爱和耐心陪伴他们成长，成为他们最坚实的后盾。

◆ 3 ~ 6 岁孩子的情绪安抚方式

在孩子的成长过程中，3 ~ 6 岁是一个特别的阶段。这个时期的孩子，他们的自我意识开始萌芽，语言和情绪控制能力虽有所增强，但仍然处于初级阶段。面对挫折或不如意，他们的本能反应往往是大发脾气，有时甚至会试图用这种方式影响父母，以达到自己的目的。这时，如何正确引导和处理孩子的负面情绪，就成了父母必须面对的挑战。

周华是一个4岁的活泼男孩。有一天，他因为想要一个玩具汽车被妈妈拒绝后开始大声哭闹，情绪失控。面对这种情况，妈妈没有选择立即屈服或严厉斥责，而是采取了一种更温和与理解的方式。

妈妈先是轻轻地抱住他，用平静的语气说："小华，妈妈知道你很想要那个玩具汽车，看到你这么难过，妈妈也很心疼。如果你现在心里不舒服，想要哭一会儿，那是没有错的。你可以选择在这里哭，或者如果你想要一个人静静，也可以回到你的房间去哭。等你准备好了，我们可以坐下来一起谈谈，好吗？"

通过这样的方式，妈妈不仅给了孩子一个安全的空间表达自己的情绪，也向他传达了一个重要的信息：表达情绪是被允许的，但是要找到合适的方式和时间。

等到周华的情绪平复后，妈妈再次耐心地向他解释为什么现在不能满足他的需求，并引导他理解家庭的规则和约束。同时，妈妈也利用这个机会教给周华如何用更积极的方式表达自己的需求和情绪。

在其他情况下，转移注意力也是一个有效的策略。

周华在哭闹时，妈妈可能会说："你看，外面的花开了，真漂亮，我们一起去看看吧。"或者说："你记得今天幼儿园发生了什么有趣的事情吗？和妈妈分享一下吧。”这样不仅能暂时转移孩子的注意力，减轻他们的负面情绪，还能增加亲子间的正面互动和沟通。

通过这些方法，父母不仅帮助孩子学会了更健康地表达和管理自己的情绪，而且在无形中加强了与孩子之间的信任和连接。父母的目标不仅是解决眼前的情绪危机，更重要的是教会孩子如何面对和处理生活中的挑战与不如意。

◆ 6 ~ 12 岁孩子的情绪安抚方式

进入小学的孩子，年龄在 6 ~ 12 岁，他们的情绪控制能力和情感发展正处于关键的转折期。特别是在八九岁时，孩子的情感表达从最初的直接、浅显，逐渐变得内敛、深刻和自觉。然而，尽管他们在情感上有了这样的转变，但是他们处理复杂情绪的能力仍然有限。这时，孩子可能会表现出过度活跃、大声吼叫，或者与同学产生冲突等行为。这就需要父母和老师密切合作，以耐心和关爱引导孩子，帮助他们培养良好的情绪管理习惯。

我的孩子茉莉在 9 岁那年有段时间经常因为一些小事与同学

发生争执，回家后还会情绪低落，不愿意与家人交流。面对这样的情况，我采取了以下几个步骤。

首先，我给她一个安全、无压力的环境，鼓励她表达自己的感受。我会问：“小茉莉，看起来你今天心情不太好，发生了什么事吗？跟爸爸妈妈说，无论什么事，我们都会支持你。”

当茉莉开始表达自己的不满和失望时，我们并没有立即下结论或批评，而是帮助她认识到自己的情绪：“听起来，你是因为和同学发生争执感到很生气，也有点失望，对吧？”这样的对话可以帮助她明确自己的情绪状态。

接下来，等待她情绪逐步平复后，我再引导她分析情绪的来源：“这种感觉是从什么时候开始的呢？是不是因为某件具体的事情或某个人？”通过这种方式，茉莉开始理解自己情绪背后的原因。

最后，我们一起探讨解决方案：“我们一起想想，下次如果再遇到类似的情况，我们可以怎么做呢？有没有更好的方式表达自己的感受？”这样的讨论不仅帮助她找到了解决问题的方法，也教会了她如何在未来更有效地管理自己的情绪。

整个过程中重要的是父母始终保持耐心和理解，了解情绪管理是一个学习过程，并不是一蹴而就的。我们让孩子知道，管理情绪是每个人都需要学习的技能，而父母是他们值得倾诉和信任的对象，也是有能力帮助他们的人。

通过以上步骤，我们可以看到，正确引导孩子识别、理解和表达自己的情绪，不仅能帮助孩子在当前解决问题，更重要的是这将成为他们一生中宝贵的技能。父母和老师在这个过程中扮演着至关重要的角色，通过耐心和关爱的引导，可以帮助孩子建立积极、健康的情绪管理机制。

◆ 12 ~ 18 岁孩子的情绪安抚方式

孩子进入 12 ~ 18 岁的青春期后，他们的内心世界和情感需求发生了巨大变化。这个年龄段的孩子深切希望被理解，即使他们的言行有时看似矛盾。例如，他们可能表面上声称“我自己能行”，实际上却渴望得到父母的支持和帮助；或者“我不想和你们说”，实则渴望得到父母的理解。父母在这个时期的角色变得多样而复杂，既要成为引导者，也要成为发现者、倾听者和参与者。

池池是一位高中生，最近因为学校的一次演讲比赛而感到焦虑。他对父母说：“我不怕，我自己能搞定。”但他的行为却透露出紧张和不安。

此时，父母可以采取以下几个步骤。

（1）引导者

父母可以与池池分享一些积极乐观的视角，如“参加演讲比赛是一个很好的机会，无论结果如何，都可以获得宝贵的成长经验”。这样的鼓励可以帮助他看到挑战背后的价值。

（2）发现者

父母敏锐地觉察到池池实际上是需要帮助的，可以提出：“我知道你说你自己能搞定，但如果你需要，我可以帮你练习演讲，或者一起讨论演讲的内容。”这样的提议表明父母愿意提供支持，同时又尊重他的自主性。

（3）倾听者

当池池开始分享他的担忧时，父母需要真诚地倾听，不打断，不急于给出解决方案，而是让他感到被理解。完成倾听后，父母可以说：“我理解你的担心，这是很正常的。你想我给你一些建议吗？”这样的反馈既表达了理解，又开放了提供帮助的可能。

（4）参与者

父母可以与池池共同探讨解决问题的方法。例如，“如果我在你的位置，我可能会这样准备……你觉得呢？”这种方式不仅帮助他整理了思路，也让他感到并不孤单，在挑战面前有家人的支持。

通过这样的互动，父母不仅帮助池池缓解了焦虑，也促进了他的自我成长，提升了情绪管理能力。这种细致入微的关心和支持是帮助青少年健康成长的关键。

青春期的孩子需要更多的理解和支持。通过成为他们的引导者、发现者、倾听者和参与者，父母可以帮助他们更好地理解自己，管理情绪，并在面对挑战时拥有更大的勇气和信心。

行动方案

当下的觉察：请对照你孩子现年龄段的情绪表现，平时你是如何安抚的？

下一步行动：接下来，如孩子再出现情绪状态不稳定的行为时，你会如何智慧地处理？请列出你的1～2个行动方案。

与情绪共舞，成为自己情绪的主人

在充满挑战和变化的世界里，情绪管理能力的培养对于孩子来说至关重要。许多父母在日常生活中可能会遇到这样的情况：孩子突然发脾气，无论是因为玩具被拿走，还是因为不想做作业。这时，父母可能会感到非常头疼，不知道该如何是好。但其实，这正是父母引导孩子学习情绪管理的绝佳机会。

本质上，情绪管理能力是情商的一部分。情绪管理并不是一朝一夕就能够完成的任务，它需要时间，需要父母的细心、耐心和恒心，并且父母不强势。通过合适的方法和持续的练习，父母可以帮助孩子学会如何成为自己情绪的主人。

百合是一个7岁的小女孩，也是我的二女儿。过去，她经常因为一些小事情发脾气。有一次，因为我没有立即给她买想要的玩具而在商场大哭大闹。这让当时的我非常尴尬，也很无奈。但是，我没有责骂她，而是采取一种不同的方法处理这个问题。我开始停下来并深呼吸，缓解自己的尴尬和无奈；接着一只手放在她的后背，感受着她当时的感受，陪伴着她一起深呼吸。大概过了1分钟，我感受到她的哭声越来越小。我数着呼吸，教她使用简单的呼吸技巧平静下来，从而陪伴她经历那个情绪的过程。过了2分钟左右，等她完全平静下来后，我再教她识别自己的情绪，包括刚才发生了什么、她可以做什么选择等。以后每当百合开始感到愤怒或沮丧时，我就会提醒她，让她停下来深呼吸。渐渐地，孩子学会了在情绪爆发之前深呼吸，提醒自己在爆发中让情绪流经身体，然后开始反思。透过这些与情绪共舞的过程，她开始变得更加自信和快乐。

情绪管理能力的培养是一个持续的过程，只要父母坚持不懈，就一定能够看到孩子的成长和进步。通过教育孩子识别、表达和调节自己的情绪，父母不仅帮助他们应对了当前的挑战，也为他们未来的学习、工作和生活打下了坚实的基础。

美国教育心理学家科勒斯涅克曾指出："任何人都没有完美的心理健康，任何人也不可能完全没有个人、社会的或情绪的问题。"这句话提醒我们，每个人都会面临情绪的挑战，无论是成人，还是孩子。而作为父母，我们的目标是帮助孩子理解和接受自己的情绪，并学会有效地管理它们。

◆ 什么是情绪管理能力

接下来，我们将共同探讨什么是情绪管理能力，为什么要培养它，如何培养，以及父母在培养孩子的这种能力时应注意哪些事项。

首先，情绪管理能力并不仅仅是压抑或隐藏负面情绪。它是一种能力，让我们能够识别和理解自己的情绪，同时也能感知他人的情绪，并通过合适的方法调节自己和他人的情绪反应。换句话说，情绪管理能力是一种智慧，它帮助我们有效地驾驭情绪，确保我们能保持良好的情绪状态。

我家大女儿茉莉第一次参加电视台主持人比赛，她很激动，充满了期待，但同时也感到非常紧张和恐惧。我观察到了她内心的不安，立即意识到她需要我的帮助和支持。于是，我走到她身边，温柔地抱住她，告诉她：这种紧张是正常的，也是每个人都会经历的；如果是我自己参加，我也会很紧张。但我有一些方法，希望能够帮助她平静下来，使她能够充分展示自己的才能和魅力。

我开始向茉莉介绍深呼吸的技巧，告诉她这是一种简单而有效的方法，可以帮助她放松身心，控制情绪。我让她闭上眼睛，深吸一口气，然后缓慢地吐出来。我一边示范，一边鼓励她跟随我的节奏进行呼吸。

茉莉有些犹豫，但她相信我，勇敢地尝试了起来。她按照我的指导深吸一口气，然后缓慢地呼出。多次重复深呼吸的动作后，她开始感受到身体逐渐放松，心情也变得平静了许多。之后，她只要感受到紧张，就会深呼吸。

比赛终于到来了，茉莉用上了这个简单好操作的情绪管理技巧。她站在舞台上，微闭双眼，深吸一口气，然后缓缓呼出。这个简单的动作帮助她收拢思绪，稳定心态。

随着比赛的进行，茉莉的声音渐渐自信起来，她流利而有力地主持节目。她的笑容与亲和力感染了观众，赢得了他们的喝彩和认可。最终，茉莉不仅成功地完成了比赛，还获得了不错的名次。

这次经历让茉莉明白了一个重要的道理：通过学习和运用情绪管理的技巧，她能够更好地应对生活中的挑战。她知道，无论面对怎样的困难和压力，只要保持冷静和自信，就能够克服障碍，获得成功。

其次，情绪管理并不是要求我们将情绪完全控制。

人类的情绪是非常复杂和多变的，就像一座巨大的“内心迷宫”，充满了曲折和变化。我们无法期望自己做到完全掌控情绪，但是我们可以识别和管理情绪。就像在这座迷宫中寻找出口的指南针，引导我们在情感的波涛中航行。正确的情绪管理是指学会在适当的时候表达自己的情绪，同时不会伤害自己或他人。

想象一个被欺负的孩子，他可能会感到沮丧、愤怒甚至无助。在这种情况下，正确的情绪管理并不是要求他将这些情绪完全压抑，而是鼓励他表达自己的感受并寻求帮助。这可以通过与老师或父母进行坦诚的对话来实现。只要老师或父母倾听他的心声，他就可能会感到被理解和支持，从而减轻内心的负担。

然而，情绪管理的关键在于如何表达情绪。如果孩子选择用暴力或恶言来发泄情绪，就可能会给他人或自己带来伤害。因此，我们需要引导孩子学会使用更加健康和建设性的方式表达情绪，比如通过良好的沟通、寻求解决问题的途径或者寻求专业心理咨询机构的帮助。

10 岁男孩王昱在学校里因为外貌被同学取笑，每天上学前，他都感到紧张和恐惧，不知道接下来会发生什么。他开始变得沉默寡言，不愿与人交流，甚至逃课。他的父母发现了他的变化，开始尝试和他沟通。然而，王昱总是闷闷不乐，不愿意说出自己的感受。

在这种情况下，王昱的情绪管理面临着挑战。他需要学会正确地表达自己的情绪，同时寻求解决问题的方法。他的父母逐渐了解到他的困扰，就通过与他建立信任和理解的关系，帮助他寻找解决问题的途径。他们鼓励孩子与老师或学校辅导员交流，并给予支持和鼓励。同时，他们也教导王昱如何应对欺凌行为，比如说出自己的感受、寻求帮助或者站起来保护自己。

后来，王昱逐渐学会了有效地管理自己的情绪。他不再将负面情绪压抑在心底，而是勇敢地面对并寻求解决办法。他开始变得更加自信和坚强，逐渐走出心理困境，重拾对生活的热情。

通过理解和引导，父母可以帮助孩子建立健康的情绪表达方式，从而更好地应对生活中的挑战和困难。情绪管理不仅是一种技能，更是一种生活态度，它能够让我们更加坦然地面对内心的波澜，找到真正的力量和自信。

最后，情绪管理能力需要不断地实践和培养。

与其他技能一样，情绪管理需要时间和耐心才能真正掌握。父母可以通过鼓励孩子表达情绪、给予支持和理解、教授情绪管理的技巧和策略等方式，帮助他们提高自己的情绪管理能力。正确的情绪管理对于孩子的成长非常重要，它可以帮助孩子更好地应对生活中的挑战，发展积极的情绪状态，增强自信心和适应性。父母需要关注孩子的情绪体验，引导他们学会正确地管理自己的情绪，让他们在成长过程中更加健康和快乐。

在探讨情绪管理的重要性时，我们必须明确一点：情绪管理绝不等同于情绪压抑。有些人误以为，只要将情绪压下去，就是有效地管理了情绪。他们认为，只要让情绪消失，或者把情绪死死地按在地上，情绪就能够乖乖听话。这是一个严重的误解。

实际上，情绪是人类生理系统和认知系统交叉结合的产物，它是我们身体对内外环境变化的直接反应。试图压制情绪，就像试图用手掌捂住正在喷发的火山口，不仅无济于事，而且可能导致更大的伤害。

有一个精力旺盛、充满好奇心的小学生，她总是热爱学习，努力追求卓越。然而，有一天，她在学校的单元测试中遇到了一道难题，她费尽心力也无法解答。这突如其来的挫折让她感到非常沮丧和失望，她就像一个掉进深渊的小蚂蚁，无法摆脱困境。

更加令人沮丧的是她在放学后打扫卫生时努力地清理着每一个角落，但就是无法够到高处的灰尘。劳动委员看到了这一幕，义正言辞地指责她，并嘲笑她笨拙。班上的捣蛋鬼也借机揶揄她，让她感到自己被孤立在荒岛上，无法逃脱。

她回到家中，希望能够得到父母的理解和支持。然而，她的爸爸在看到她的成绩后勃然大怒，毫不留情地斥责她的懒惰和无能。爸爸完全忽略了孩子内心的困惑和努力，只是一味地指责她的不足。孩子感到被抛弃，心中的火焰熄灭了。

这些挫折和负面情绪在孩子的心中堆积如山，让她感到无法承受的巨大压力。她觉得自己像一只受伤的小鸟，无法飞翔。最终，她选择了离家出走，仿佛要逃离这个世界的束缚。幸好她的父母及时求助，避免了悲剧的进一步发生。

父母需要告诉孩子，感到愤怒或失望是正常的人类情绪。但是，父母需要以正确的方式处理这些情绪。例如，如果孩子因为愤怒而想摔东西或打人，父母可以提供一张纸和一些颜色笔，鼓励孩子将自己的愤怒画出来。这种方法不仅能帮助孩子宣泄情绪，还能教会他们用创造性的方式处理负面情绪。

当孩子遇到难以控制的情绪时，父母的首要任务是帮助他们转移注意力。例如，当孩子情绪激动时，父母可以引导他们聊一聊自己喜欢的书或电影，或者一起进行一项喜欢的活动。这样不仅能帮助孩子逐渐平静下来，还能增进父母与孩子之间的情感联系。

教会孩子健康地宣泄情绪同样重要。例如，通过运动、深呼吸或创造性的活动如绘画来表达自己的感受。这些活动不仅能帮助孩子释放压力，还能培养他们的兴趣和爱好。

我们每个人都有情绪和心理健康的需求，特别是孩子。我们应该给予孩子关怀和支持，帮助他们积极处理挫折和负面情绪；要让他们知道自己并不孤单，在遇到困难时可以寻求家人、朋友和老师的帮助与支持。我们也应该培养他们的情绪管理能力，教导他们积极应对问题，而不是选择极端的逃避方式。情绪需要被识别、被理解和被适当地表达，长期不被看见，长期压抑和被忽视的后果可能是灾难性的。就像前文案例中的小学生，如果她能够在遇到问题时得到合理的情绪支持，如果她能够学会表达自己的情绪，而不是被迫将其压抑，事情可能会有不同的结果。

情绪管理是一项重要的生活技能，它关乎我们的身心健康和社会适应能力。通过耐心的培养，我们可以为孩子提供一个更加健康、更加快乐的成长环境。

◆ 评估情绪管理能力的类型

在家庭教育的“海洋”中，情绪管理能力的培养犹如一座“灯塔”，指引着孩子在情绪的“波涛”中航行。每个孩子的个性特征不一样，所以面对不同行为的情绪反应也会有所不同。关键是我们如何评估和提升孩子的情绪管理能力呢？

接下来，我们一起探索针对以下 3 类不同情绪反应的孩子，如何进行不同的情绪管理能力的陪伴和支持。

（1）行为反应型

行为反应型的孩子经常会通过行动表达内心的情绪。

茉莉在家里有一项重要的作业要完成。当开始做作业时，她会突然感到紧张和焦虑。这种情绪没有通过语言直接流露出来，而是体现在她紧握铅笔、来回移动身体及频繁调整座位的举动中。在写作业的过程中，她的手可能会微微颤抖，但她努力控制着自己的情绪，全神贯注地写作业。然而，作业完成后，她可能会迅速离开桌子，一个人躲在房间的角落里默默地哭泣。这种看似无关紧要的行为，实际上是她内心焦虑、不安和紧张的真实反映。

针对这类孩子，父母的及时观察、理解和陪伴至关重要。孩子可能还不太懂得如何用语言准确表达自己的情绪，因此通过行为释放内心压力。父母可以多关注孩子的行为举止，倾听他们的心声，给予他们更多的支持和鼓励，帮助他们渐渐学会用语言表达情感，从而更好地理解和处理自己的情绪。

（2）识别表达型

识别表达型的孩子总是能够准确地辨别自己的情绪，并毫不犹豫地向他人表达。

孩子在某一天感到内心烦躁不安，对写作业感到厌烦。与行为反应型孩子不同的是这类孩子会选择直接向妈妈表达自己的情绪："妈妈，我现在脑子有点乱，好烦，不想写作业了。"

当孩子说出这番话时，她的声音或许也带着一丝哀怨和沮丧，仿佛一只受伤的小鸟在向妈妈诉说自己的困境。

此刻，妈妈只需静静地听着，同时意识到孩子的情绪状态，知道她需要理解和支持。妈妈可以温柔地抚摸着孩子的头发、肩膀等部位，轻声回复孩子："宝贝，我明白你现在感觉很困惑和烦躁，我们可以一起找出解决办法。你先休息一下，然后我们再一起看看作业。怎么样？"

此刻，孩子能立即感受到妈妈的关心和理解，并且知道自己不会孤单地面对困难；也会重新找回一些动力和信心，愿意与妈妈共同面对写作业这个挑战。

识别表达型的孩子能够准确地表达自己的情绪，这使他们更容易与人沟通交流，得到他人的理解和帮助。父母应该倾听他们的倾诉，给予他们关注和支持，并与他们一起寻找解决问题的方法。通过这样的互动，他们将建立更加健康和积极的情绪管理能力，为自己的成长和发展打下坚实的基础。

（3）自我调整型

自我调整型的孩子不仅能敏锐地察觉自己的情绪，还能迅速提出创新的解决方案。

孩子在感到烦躁不安、无法继续写作业时，他们可能会忍不住跺脚，紧握拳头，仿佛被困在一个无尽的作业泥潭里。如果孩子没有沉浸在消极情绪中，他们迅速想到一个独特的解决方案。例如，毅然走到妈妈面前，眼神坚定地注视着妈妈，勇敢地向妈妈表达："妈妈，我实在写不下去作业了。但我有个小主意，可以让我去玩具房玩一会儿乐高吗？那样我可以放松一下，思维也会变得更清晰。回来后，我会更专注地完成作业。”

此时，妈妈仅需听完孩子的建议，给予微笑、点头等认可，同时欣赏孩子的机智和自我调节能力。因为这种方法既能缓解孩子的烦躁情绪，又能帮助他重新集中注意力。妈妈还可以鼓励地说道：“好主意，宝贝！你去玩具房放松一下，然后回来继续写作业。我相信，这会让你事半功倍！”

孩子得到妈妈的支持会特别兴奋和喜悦，他也能迅速投入创造的过程中。在乐高世界的陪伴下，孩子会渐渐忘记烦恼，展示出无尽的创造力和激情。经过一段时间的放松和享受，孩子会感到内心平静了许多，思维也变得清晰起来。

孩子再次回到书桌旁重新面对作业时，也会带着游戏时流露出的坚定、专注和活跃的思绪。通过短暂的休息和自我调整，孩子可以找回写作业的动力和灵感，并且以惊人的速度完成任务。

这类孩子会展示出独特而生动的自我调整能力，他们不仅能敏锐地觉察自己的情绪，还能迅速提出创新的解决方案。这种能力让他们能够在困境中找到喘息的空间，给予自己恢复和重新集中注意力的机会。面对挑战时，这类孩子可以通过自己找到的独特方式调整情绪，重新点燃内心的激情，迎接新的挑战。

◆ 培养情绪管理能力的 4 个步骤

那么，到底如何培养情绪管理能力呢？我们可以通过 4 个步骤完成。

（1）识别和理解情绪

父母可以用清晰描述的语言帮助孩子学会认识各种情绪，并理解情绪背后的原因。例如，当孩子因为拿不到想要的食物而哭泣时，父母可以使用以下方式引导他们认识自己的情绪。

父母："我看到你很努力地想要拿到那个食物，现在拿不到，你是感觉到很沮丧，对吗？"

孩子："是的，我真的很想要那个食物！"

父母使用了客观的描述，让孩子意识到自己的情绪是沮丧。这样的表达方式不仅帮助孩子认识自己的情绪，还传达了父母的理解和支持。

另外，父母还可以使用一些绘本或角色扮演帮助孩子理解不同的情绪。例如，选择关于情绪的绘本，与孩子一起阅读，并讨论书中角色的情绪变化。通过角色扮演，让孩子充当不同的角色，体验不同情绪的感受。这样的互动方式可以让孩子更加深入地理解情绪，并培养他们的情绪认知能力。

通过语言的描述和互动方式，帮助孩子识别和理解情绪是培养他们情绪管理能力的重要一步。这种指导方式有助于加强孩子对自己情绪的认知，同时建立与父母之间的理解和支持的纽带。

（2）鼓励情绪交流

父母可以鼓励和引导孩子用恰当、健康的方式表达自己的情绪，如通过艺术、运动、写作或沟通等交流方式。当孩子能够准确地表达自己的情绪时，他们就更容易与人沟通，找到解决问题的方法。

程丽曾是一个经常无缘无故发脾气的女孩，这让她在学校的交往中遇到了困难。然而，一次简单而又深刻的交流改变了一切。我建议在孩子有情绪不愿表达时，给她一个玻璃瓶子，并建议每当她想要发脾气时，就将原因写在纸条上，放入瓶中。起初，她几乎每天都要写下很多纸条。但渐渐地，她开始尝试理解和释放自己的情绪，而不是写纸条。最终，她成功地清空了那个瓶子，并学会了有效地管理自己的情绪。

程丽通过写下自己发脾气的原因并放入玻璃瓶中，学会用文字表达自己的情绪。这个简单而有效的方法不仅帮助她认识了自己的情绪，还让她逐渐学会了控制和管理情绪。由此可见，用语言或文字表达情绪是一种非常有用的情绪管理方法。

（3）情绪调节疏导

例如，在家庭中，父母与孩子达成了一项特别的约定：当孩子使用一个特定的暗号时，意味着他们需要表达自己的不开心或其他负面情绪。这个做法为孩子提供了一个安全的通道表达自己的感受，同时也让父母有机会及时介入，进行情绪疏导。引导孩子学会自我调节情绪，如通过深呼吸、短暂的休息或参与喜欢的活动来缓解负面情绪。

某一天，孩子回到家中，一脸沉郁，眼睛里满是泪水。我看到了这一幕，立刻意识到孩子肯定有些不开心的事情。于是，我提醒孩子之前共同约定的暗号“彩虹”，并询问孩子是否想用这个暗号表达自己的感受。

孩子点了点头，说出了“彩虹”。我马上停下手中的事情，邀请孩子一起坐下，耐心地倾听她的故事。孩子说，在学校里有一个同学一直取笑她，让她感到非常难过和孤独。这个问题已经困扰了她好几天，她只是不知道该如何面对它。

我听到孩子说出这些话时，第一时间安慰她。我先抱抱孩子，表示我理解她此刻的感受。同时，我们一起先做几个深呼吸，帮助孩子平静下来，然后一起做些她最喜欢的事情，让快乐的氛围充满整个房间。这样，孩子从负面情绪中迅速解脱出来，重新回到积极的状态。

通过这个特别的暗号“彩虹”，孩子知道自己可以随时用它寻求父母的支持和理解。而父母也很高兴能够及时了解孩子的困扰，并且能够提供适当的支持和指导。这种共同的约定不仅帮助孩子缓解了负面情绪，还为他们提供了一种积极的情绪调节方式。通过这样的沟通和引导，家庭中创造了温馨、支持和理解的氛围，让孩子能够更加健康成长。

（4）示范积极的情绪管理

父母也应该展现出如何有效地管理情绪，因为孩子往往会模仿大人的行为。现实生活中，很多父母可能会在情绪管理上给孩子设置了不良的示范。例如，当孩子因为不爱吃的饭菜而发脾气时，父母的大声斥责只会加剧孩子的情绪反应，而不是帮助他们学会如何处理情绪。在这种情况下，父母需要自己先保持冷静，采取更加理解和耐心的态度引导孩子表达和处理自己的情绪。

情绪管理能力的培养是一个长期的过程，需要父母的耐心、理解和支持。通过这样的培养，孩子不仅能够更好地理解自己，还能学会如何在复杂的社会环境中有效地应对挑战，从而走向更加健康和快乐的人生。

在探索如何培养孩子的情绪管理能力的过程中，我发现情绪管理这项技能不仅对孩子的个人成长至关重要，而且直接影响孩子的学习态度和效率。我们通过两个真实的故事，深入了解情绪管理如何塑造孩子的学习习惯。

故事一

周月是一个内向且成绩优异的孩子，父母对他的期望高得难以企及。每当周月犯下错误，无论大小，他总是遭到父母的严厉批评甚至打骂。这种持续的负面情绪处理方式让周月感到恐惧、悲伤和痛苦。随着时间的推移，这些消极情绪不断积累，最终导致他在升入初中后变得越来越抗拒完成作业。他甚至开始拒绝回家，选择留在给予他宁静与安全感的爷爷奶奶家。

周月的妈妈意识到问题的严重性，她开始询问周月为何不愿意回家。孩子坦白说，在爷爷奶奶家，他感到轻松自在；而在家里，他则时刻处于紧张和恐惧中。这种反差让周月的妈妈深受触动。她注意到，在一个支持和放松的环境中，孩子完成作业的效率远比在家时要高。

故事二

杜康的爸爸是一位退役运动员，他将运动的习惯传递给了杜康。杜康每天放学后，都和爸爸一起打1小时篮球，之后回家吃饭、写作业。这样的日常活动不仅加强了父子间的情感联系，也让孩子在运动后感到心情愉快，他能以更高的效率和更积极的态度完成作业。

杜康的妈妈惊喜地发现，坚持一段时间后，杜康不仅在篮球场上表现出色，而且学习效率也有了显著提升。更重要的是，杜康开始享受学习，他在完成作业后还会主动阅读课外书。

通过周月和杜康的故事，我们可以清楚地看到，情绪管理能力的培养对孩子的学习态度和习惯有着深远的影响。负面情绪如恐惧和悲伤会抑制孩子的学习动力，而积极情绪则能激发孩子的学习热情，帮助他们养成良好的学习习惯。因此，父母应该意识到情绪管理的重要性，通过打造支持和鼓励的环境，帮助孩子学会管理自己的情绪，从而促进他们的全面发展。

父母对情绪管理的示范，也是教会孩子调控自己情绪的关键一步。无论是过度的兴奋，还是沮丧，都需要通过适当的方式来管理。教会孩子健康地调节和宣泄情绪是一项长期且重要的任务。通过提供正确的引导和示范，父母不仅能帮助孩子建立积极的情绪管理技巧，还能促进家庭成员之间的理解与和谐。因为每个孩子都是独特的个体，找到适合他们的方法可能需要时间和耐心，但这一切努力都是值得的。孩子小时候怎么被对待，长大后就会怎么对待别人。

情绪管理对于孩子的身心健康和人格发展至关重要。稳定愉快的情绪状态不仅是身体健康的基石，也是心理健康的重要保障。反之，长期处于抑郁或不稳定的情绪状态，可能会引发一系列身心问题。因此，拥有良好的情绪管理能力，对孩子来说就像拥有一把打开健康和成长之门的钥匙。

行动方案

当下的觉察：请总结过去你孩子的情绪表达模式是哪一种？你在家庭中用什么方式支持孩子做情绪管理？

下一步行动：请列出1～2个平时孩子释放情绪的方式，并给出1～2个支持孩子情绪管理的具体方法。

如何帮孩子做压力管理

在家庭教育中，父母与孩子之间的相互理解和支持是至关重要的。尤其当孩子在与他人的互动中遇到挑战时，这种支持变得更加重要。

孩子在与老师、同学的互动中出现问题，可能是他们在社交技能上遇到了障碍。例如，孩子经常回家抱怨说自己和同学玩得不开心。这时，父母就需要细心观察，倾听孩子的分享，通过深入了解孩子的感受，帮助他们识别和表达自己的情绪，进而找到改善人际关系的策略。

在竞争日益激烈的社会中，孩子承受着来自学业、社交等方面的压力。父母可以和孩子一起探讨他们的压力来源，并寻找解决方案。这不仅可以帮助孩子减轻压力，还能够教会他们规划未来，从而更好地面对挑战。

◆ 压力的来源

孩子的压力主要来自以下 3 个方面。

（1）认知方面的压力

例如，注意力分散、记忆力下降、容易担忧等都是孩子内心压力的外在表现。如果孩子经常说自己“好笨，学不进去”，这可能是他们感到焦虑和压力过大的信号。父母可以采取一种积极倾听的态度，尝试理解孩子的真实感受，而不是简单地批评或忽视。通过共情和鼓励，父母可以帮助孩子建立自信，学会正面应对挑战。

（2）行为上的压力

例如，饮食习惯的改变、性格孤僻、咬指甲等都是孩子试图应对内心困扰的方式。如果父母发现孩子变得越来越不愿意和家人交流，总是喜欢独自一人，就可以通过耐心地倾听，及时发现孩子在学校的遭遇。

我有个小学生案主，就是在学校遭遇了同学的排斥。了解到这一点后，父母可以提供有针对性的支持。例如，与学校沟通，寻求专业帮助，或者在家中创造更多正面的互动机会。

（3）同时表现出多种压力

这确实是一个需要父母密切关注并采取行动的信号。父母与孩子进行开放、诚恳的对话是第一步，在必要时寻求心理咨询师或心理医生的帮助也是非常明智的选择。心理咨询师可以通过谈话疗法帮助孩子处理情绪和行为问题，而心理医生则可以在需要时提供药物治疗。

除了寻求专业帮助，父母还可以通过日常的小事来减轻孩子的压力。例如，定期进行家庭活动，鼓励孩子参与决策，以及创造充满爱和支持的家庭环境。这些看似简单的举措，实则对孩子的心理健康有着不可估量的正面影响。

记住，每个孩子都是独一无二的，他们的感受和需求也各不相同。父母的任务是提供一个充满理解、接纳和爱的环境，帮助孩子健康成长。

◆ 释放压力的方法

当前，父母在孩子成长过程中面临着巨大的挑战，尤其是孩子的学业和社交压力不断增加，减轻孩子的压力至关重要。下面分享3个简单却有效的释放压力的方法。

（1）获得充足且高质量的睡眠

心理学研究表明，良好的睡眠可以促进大脑的记忆巩固过程，提高解决问题和逻辑决策的能力；而睡眠不足则会影响孩子的情绪调节，增加焦虑和抑郁的风险。谷爱凌尽管面临学业和社交的压力，仍然坚持每天保证10小时的高质量睡眠。因此，她不仅在学业上取得了优异的成绩，还在体育竞赛中夺得了世界冠军，充分展示了良好睡眠对于压力释放的重要性。

为了帮助孩子获得更好的睡眠，教育部印发的《关于进一步加强中小学生睡眠管理工作的通知》提出了具体的建议。这份通知规定了不同学段孩子的理想睡眠时间：小学生每天应睡够 10 小时，初中生每天应睡够 9 小时，高中生每天应睡够 8 小时。这些指导原则旨在帮助家长和孩子共同制订合理的睡眠计划，确保孩子能够得到足够的休息。

封明是一个爱好探险的 8 岁男孩，每天晚上总是面临一个巨大的压力挑战——入睡。他的大脑总是在夜深人静时变得特别活跃，各种奇思妙想此起彼伏，让他难以入眠。因此，第二天早上，封明总是精疲力竭，眼睛直冒金星，无法集中精力听老师讲课。

为了帮助封明解决这个问题，他的父母决定与他一起制订一个“入睡大作战”计划。他们首先设计了一个“睡眠航行图”，规定每晚 8 点半准时开启“航行”，直至次日早上 7 点结束。这样，封明就知道每天都有固定的“航行时间”，可以安心进入甜美的梦乡。

为了确保封明的“航行”顺利进行，他的父母还准备了很多法宝。晚饭后，爸爸会带着封明去院子里运动一会儿，多消耗一些能量。他们在封明的卧室里放上一盏柔和的夜灯，避免了封明对黑暗的恐惧；在睡前 30 分钟，封明和爸爸一起做“身心放松操”，通过缓慢的深呼吸和伸展动作，逐渐进入梦乡的“大海”；最重要的是，他的父母还给他找来了一本神奇的“安睡宝典”，每晚在他的枕边轻声诵读，让他在轻柔的故事声中慢慢进入梦乡。

经过一段时间的“入睡大作战”，封明终于学会了在梦乡里追寻属于他自己的冒险之旅。第二天早上，他不再是一个疲惫的“水手”，而是一个精神抖擞、充满活力的小探险家！

那么，父母可以采取哪些措施帮助孩子改善睡眠呢？

第一，建立固定的睡眠时间表。父母可以确定一个适合孩子的固定睡眠时间表，让他们每天都按时上床睡觉。根据孩子的年龄和身体需要，确保他们每晚获得 8 ~ 10 小时的睡眠。

第二，创造良好的睡眠环境。父母可以让孩子的卧室保持舒适和安静，减少外界的噪声和干扰，确保他们能够安静地入睡。此外，调整房间的光线，使其暗淡而舒适，有助于睡眠。

第三，限制使用电子设备的时间。晚上使用电子设备会释放蓝光，干扰孩子的睡眠。因此，建议在睡前 1 ~ 2 小时限制孩子使用电子设备的时间。父母可以和孩子一起制定规矩，例如，将电子设备放在特定的地方，避免在床上使用。

第四，建立睡前放松的习惯。父母可以在孩子入睡前 30 分钟至 1 小时，通过阅读一本有趣的书、听轻松的音乐、进行舒缓的伸展运动或正念冥想等方式帮助他们放松身心，为睡眠做准备。这些活动有助于转移注意力，减少焦虑和压力。

第五，培养良好的睡前习惯。父母可以为孩子建立一套固定的睡前仪式，如刷牙、洗脸、上床听故事等。这些仪式可以帮助孩子逐渐进入睡眠状态，并提醒他们该休息了。

第六，提供安全感和支持。父母可以在孩子的卧室放置一盏夜灯，以减轻孩子可能对黑暗产生的恐惧，确保孩子在睡前感到安全和舒适。此外，父母还可以在睡前花时间陪伴孩子，给予他们情感上的安全感和支持。

第七，注意饮食和运动。饮食和运动对睡眠质量有一定的影响。建议在晚餐后避免摄入过多的咖啡因和糖分，同时鼓励孩子进行适当的体育锻炼，帮助他们消耗能量并提升睡眠质量。

确保孩子获得充足且高质量的睡眠，是每个家庭都应该重视的任务。通过应用科学的方法，父母可以帮助孩子建立良好的睡眠习惯，为他们的健康成长打下坚实的基础。

（2）拥有持续的户外体育锻炼

有一项调研结果显示，现代孩子的户外活动时间远远不足。这一点让人非常遗憾，因为大自然对孩子的身体和精神健康有着不可替代的益处。经常参加户外活动的孩子，不仅可以拥有强健的体魄，还会对自然界充满好奇心和探索欲，同时也能很好地释放压力。

心理学研究显示，规律的体育锻炼可以显著促进身体的血液循环，增强心肺功能，同时释放正向的化学物质，如内啡肽，能够提升我们的幸福感，减少压力和沮丧的感觉。更重要的是运动过程中肌肉释放的蛋白质，如脑源性神经营养因子（BDNF），能够促进大脑中神经细胞的生长，从而有助于提高记忆力和学习能力。

因此，无论年龄大小，每天进行至少1小时的中度到高度激烈的体能活动对于每个人都是非常重要的。这不仅是为了身体健康，更是为了孩子的心理健康和认知能力的提升。父母应该意识到孩子的身心是相互联系的，鼓励和支持孩子参加体育活动是帮助他们建立健康生活方式的重要一步。

我想强调的是参与体育锻炼并不意味着孩子必须成为体育明星，而是让运动成为他们日常生活的一部分。无论是跑步、游泳、打篮球，还是简单的散步，关键在于找到孩子感兴趣的活动，让他们在快乐中收获健康。这样的方式不仅能够帮助孩子减轻压力，还能够引导他们走向更加积极健康的未来。

（3）及时积极聆听孩子的需求

如果孩子在与老师、同学的互动中出现问题，父母可以通过聆听孩子的分享发现他们遇到的困难。实际上，孩子常常通过行为表达内心，而不是直接语言。因此，在聆听孩子深入表述困境与问题的过程中，父母可以观察孩子的情绪变化、身体语言和行为举止等，以更全面地了解他们的内心感受。

同时，父母还可以采用开放性的问题进一步探究孩子的体验和想法。例如：“你能告诉我更多关于今天和同学相处的事情吗？”或者：“你感觉怎样会让这种情况变得更好？”父母通过这些问题可以鼓励孩子思考和表达，让他们感受到自己被理解和尊重，从而建立更加紧密的亲子关系。

另外，父母还可以通过积极聆听给予孩子情感支持。这并不是指简单地听取孩子的意见，而是要表现出对孩子内心困扰和情感需求的理解和关注。孩子在分享自己的情感时，通常想得到父母的理解和支持。父母可以积极聆听孩子真实的情感和需求。这样的支持可以使孩子感受到被认可和尊重，从而更加愿意与父母分享自己的想法和感受。

在面对支持孩子压力管理的挑战和困难时，父母可以采取开放性的态度，用心聆听孩子的内心体验，并给予有效的情感支持。这样才能够建立互相信任和理解的关系，让孩子在成长过程中更加坚强、自信和独立。

◆ 积极聆听的方法

积极聆听是一种重要的沟通技巧，对于父母与孩子沟通尤为重要。以下是一些具体的方法和技巧，可以帮助父母积极聆听。

（1）注意倾听

在与孩子交谈时，父母应该全神贯注地倾听孩子说话，保持眼神交流，面带微笑，以示关注和尊重。

（2）鼓励表达

父母需要鼓励孩子表达自己的想法和感受，不要打断他们的发言，让他们充分表达自己的观点。孩子需要得到肯定和鼓励，以便在日后面对各种挑战时更有信心。

在鼓励孩子表达情感时，父母可以这样倾听和交流。

孩子："我觉得老师对待我不公平。"

父母："我能理解你会有这样的感受，可以告诉我发生了什么事情让你觉得不公平吗？"

在孩子感到压力时，父母可以这样倾听和交流。

孩子："我觉得学校的压力好大，每天都有很多功课。"

父母："听起来你感到很有压力，你觉得最困难的科目是哪个？我们可以一起找到解决的方法。"

（3）用肢体语言和眼神传递支持

父母可以通过肢体语言和眼神传递对孩子的支持与理解。

例如，轻轻抚摸孩子的肩膀，或者点点头表示认同。孩子想和父母建立更紧密的联系，需要建立信任和互动，让自己感觉被人重视和尊重。

孩子："我今天考试没考好，觉得很失望。"

父母（轻轻拍拍孩子的背）："我知道你今天会有点失望，但你已经努力过了，不要太自责，考试并不代表一切。"

（4）反馈理解

在孩子表达完想法后，父母可以用自己的话语总结孩子的想法并做出反馈，以确保自己正确理解了孩子的意思。孩子需要被倾听和理解，希望父母能够认可自己的情感体验，而不是简单地否定或忽视。

孩子："今天学校里有同学欺负我。"

父母："听起来你在学校遇到了困难，你可以告诉我更多吗？"

（5）提问澄清

父母在对孩子的话语有疑问或需要了解更多细节时，可以提出开放性问题，澄清自己的理解。例如："你是说……是吗？""那你为什么会这样感觉呢？"孩子希望得到建设性的反馈和建议，帮助自己找到解决问题的方法，提高自己的能力。

孩子：“我觉得我在班里没有朋友。”

父母：“你是说你想交更多的朋友，但感觉有些困难，是吗？有没有尝试过和同学们交流呢？”

（6）提供情感支持

孩子在感到心烦意乱、疲惫不堪、失落沮丧时，可能更需要父母的鼓励和支持帮助他们渡过难关。积极聆听不仅包括理解孩子的话语，还包括对孩子情感的支持，如表示理解、同情或给予安慰，鼓励他们思考解决问题的方法，并与他们一起寻找适合自己的路径。这种支持和关注有助于孩子建立积极的心态和自信。

在孩子不自信时，父母可以这样倾听和交流。

孩子：“我觉得自己的作品不好，不敢展示给别人。”

父母：“我明白你感到不自信，但是每个人都有自己的创造力，你的作品一定很有价值。如果你愿意，我可以帮助你找到适合展示的机会。”

在孩子对某件事情感到兴奋时，父母可以这样倾听和交流。

孩子："我被选为学校篮球队的队长了！"

父母："恭喜你！这是个很棒的机会。你有什么计划或想法，怎样能够更好地领导球队呢？"

在孩子感到挫折时，父母可以这样倾听和交流。

孩子："我在绘画比赛中没有获奖，觉得自己不够好。"

父母："我知道你很失望，但参与比赛本身就是一种进步。你认为你的作品有哪些亮点，下次你可以做些什么不同的尝试呢？"

在孩子表达挫折感受时，父母可以这样倾听和交流。

孩子："我考试没考出好成绩，觉得自己很笨。"

父母："我知道你对这个成绩感到失望。但是记住，成绩并不代表你的全部价值。你认为在学习上有什么可以改进的地方吗？如果需要，我们可以一起制订一个学习计划。"

在孩子感到焦虑和紧张时，父母可以这样倾听和交流。

孩子："明天要参加音乐比赛，我好紧张。"

父母："演出前的紧张是正常的，我理解你。你已经做了很多准备，相信自己。你有什么放松身心的方法吗？我们可以一起练习几次，增加信心。”

在孩子遭遇友谊问题时，父母可以这样倾听和交流。

孩子：“我和朋友发生了争执，觉得很难过。”

父母：“友谊中的冲突是常见的。你想要怎样解决这个问题呢？我们可以尝试与朋友坦诚沟通，找到一个解决矛盾的方式。”

在孩子对未来感到困惑时，父母可以这样倾听和交流。

孩子：“我不知道未来要做什么，感到迷茫。”

父母：“很多人在你这个年纪都会有同样的困惑。你对什么最感兴趣呢？我们可以一起探索不同的领域，帮助你找到自己的兴趣。”

以上方法可以帮助父母进行更加积极的聆听，促进父母与孩子之间进行更好的沟通，加深理解。通过理解孩子的情感和需求，父母可以更好地回应孩子的需求，理解孩子的内心体验，并且能够与孩子建立更加紧密的关系，增强孩子的自信心，促进孩子的成长和发展。

行动方案

当下的觉察：请你观察一下，最近孩子有什么压力表现吗？针对孩子最近的压力表现，你能为孩子提供什么支持吗？

下一步行动：在家庭养育中，父母需要关注孩子的行为变化及压力来源，并在与孩子交流时用有效的方法支持孩子释放压力。作为父母，你会采取哪些具体行动支持孩子实现上述目标呢？

备考的孩子如何与压力共舞

在这个充满挑战的世界里，每个家庭都面临着各种各样的压力，从家庭的经济负担到孩子的教育问题；家庭中的每个人都会不可避免地面临压力，父母可能会因为教育孩子而倍感压力，孩子也可能因为即将到来的考试、比赛、升学等而焦虑不安；老师在教育不同个性的孩子时，也承受着巨大的压力。显而易见，我们正生活在一个压力普遍存在，并且越来越低龄化的时代。面对这些压力，我们究竟应该如何应对呢？是勇敢地面对，还是选择回避？

正处在中、高考备战期的孩子不仅要应对学业上的压力，还要面对未来人生道路的选择。那么，父母该如何帮助孩子有效管理压力，让他们能够健康、积极地成长呢？

教会孩子管理压力是非常关键的。压力并不全是坏事，它可以成为推动我们前进的力量。关键在于我们如何看待和处理压力。作为父母，我们不仅要支持孩子的学业，更要教会孩子在压力面前保持冷静与平和的状态，将压力转化为前进的动力。总之，培养孩子的压力管理能力，不仅有助于孩子应对当前的学习压力，更能为他们未来面对各种人生挑战打下坚实的基础。

◆ 科学、全面地了解考前压力

简单地说，压力是当外界的要求超出了个体当前的能力范围时，个体产生的一系列社会心理反应。例如，当面对某些特定事件或生活环境时，我们可能会经历心理上的紧张和不安。适度的压力可以激发人们的潜力，帮助人们更好地集中注意力和提高效率。

丁聪即将面临一场重要的考试。按照老师的预期，他完全有能力多得到 20 分。如果老师没有特别的要求，丁聪只需要保持正常状态就可以拿下考试。在这种情况下，他可能不会感到太大的压力。然而，考试的难度增加，老师提出了更高的期望，丁聪就需要付出额外的努力，包括寻求老师、同学和父母的帮助，才能达到目标。随着考试的临近，他可能感到前所未有的压力。每天除了应对繁重的学习任务，他还要参加各种补习班和模拟考试。这个过程不仅消耗大量体能，还引发了强烈的心理反应，如紧张、焦虑、失眠、易怒和无力等感受。

一次偶然的机会，丁聪的父母发现了他的困扰，他们决定寻求我的专业指导。

通过与我的交流，丁聪和他的父母学到了一些关键的压力管理技巧。他们学会了识别和接受压力。同时，丁聪掌握了一些实用的放松技巧，如深呼吸、正念冥想和进行适量的体育锻炼，这些方法都有助于缓解身心的紧张状态。

更重要的是丁聪通过压力管理指导，以及制订复习计划、加强练习和自我激励等有效策略，可以更好地准备考试，将压力转化为促进自己成长和学习的动力。他制订了学习计划，将大目标分解成一系列小目标，每实现一个小目标就给自己一些正向反馈。这样他不仅提高了学习效率，而且在面对压力时更加从容不迫。

我们要认识到压力并不全是负面的，它也是我们生活的一部分，并且可以成为推动我们前进的重要力量。通过正确的方法，我们可以学会管理压力，让压力为我们的生活赋能。

事实上，这种现象在心理学中被称为“耶克斯 - 多德森定律”(Yerks-Dodson Law)，它描述了压力（或者说是激励水平）与表现（比如学习效率）之间的关系，呈现一个倒 U 形曲线。

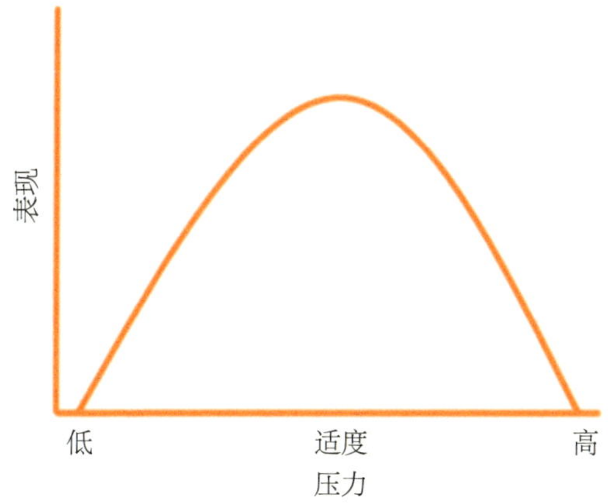

耶克斯－多德森定律是由心理学家耶克斯（R.M Yerkes）和多德森（J.D Dodson）在1908年提出的一种心理学理论，用来描述压力与表现之间的关系。简单地说，这个定律指出适度的压力可以提高个人表现，但是过高或过低的压力会对表现产生负面影响。

想象一下，你正在参加一场比赛，比赛的难度适中，让你感到有挑战性，但并不让你感到不安或沮丧。在这种情况下，你可能会充满激情和动力，表现得相当出色。这就是适度压力带来的积极影响。

有一位年轻的滑雪天才少女参加自由滑雪路面障碍技巧赛时展现了非凡的勇气和才华。在比赛中，她不仅要面对强大的对手，还要在比赛的关键时刻面对巨大的压力。然而，这位少女没有被压力击倒，并且将压力转化为推动自己前进的动力。

在赛后的采访中，她分享了自己的感受。她说，尽管自己感到压力重重，但也意识到压力不全是坏事，反而是一种可以被利用的能量。她学会了掌控这股能量，在第三次尝试时发挥了最佳水平，最终成功登上领奖台。

如果比赛的难度过高，让你倍感焦虑和压力，可能会导致你的表现下降。因为你无法有效地处理这种超出自己能力范围的挑战。反之，如果比赛的难度太低，让你感到无聊和缺乏动力，同样会导致表现不佳。正如耶克斯－多德森定律所示，太小的压力可能导致我们变得懒惰和散漫，因为没有足够的动力推动自己前进。在这种状态下，我们的学习效率和工作表现都会大幅降低。

因此，根据耶克斯－多德森定律，在面对挑战时，适度的压力可以激发我们的潜力、动力和创造力，帮助我们保持专注和积极，提高表现水平。关键在于找到一个恰到好处的平衡点，让压力成为我们前进的动力，而不是障碍。

但是，当压力超过我们的承受能力时，它会对我们的身心健康产生负面影响，导致焦虑、抑郁等情绪问题，甚至影响我们的学习和工作效率。因此，找到适当的压力平衡点对于个人的发展至关重要。

有一位学生，他有一个梦想，那就是考入南京大学的天文系。他对探索宇宙充满了热情，希望能够在这个领域做出自己的贡献。然而，他的母亲是一位教物理的金牌老师，对他的成绩寄予了很高的期望，并希望他能够考入清华大学。这给这位学生带来了巨大的压力。

高三那一年，过大的压力对他的考试表现产生影响，他未能达到预期的成绩。更糟糕的是他的母亲认为他过多地把精力投入在天文模型上，而忽视了学习。在一次争吵中，他的母亲一怒之下损毁了他父亲为他搭建的模型。这一系列事件加剧了他的压力和心理负担，最终导致他与家人的沟通断裂，并引发了严重的心理问题。

这个案例告诉我们，当我们无法正确应对压力时，它可能会对我们的身心健康造成巨大的负面影响。在这个案例中，学生面临着来自家庭和学业的双重压力，他没有得到足够的支持和理解，压力逐渐积累并爆发出来，给他的心理健康带来了严重的影响。

这个案例提醒我们要重视压力管理，不仅是对自己的压力有所认知，还需要学会寻求支持和建立健康的沟通渠道。当我们面临压力时，与他人交流、寻求专业帮助，并采取积极的自我调节策略，如放松技巧、良好的时间管理和保持身心健康的活动，都可以帮助我们更好地应对压力，保持良好的心理状态。

用一个简单的比喻来说明，即人生就像一根琴弦。如果这根琴弦太松，那么它就无法发出美妙的音乐；反之，如果它被绷得太紧，那么它就有断裂的风险，发出的声音也会变得刺耳。因此，恰到好处的张力是必须的，这样琴弦才能演奏出和谐美妙的旋律。同样，适当的压力可以激励我们，促使我们更好地成为自己，而过度的压力则可能导致焦虑甚至压垮我们。

孩子最需要的是父母的肯定和鼓励。父母应该在教育孩子的过程中注重压力管理，这样即使孩子遇到挫折，也能保持积极向上的精神状态。

此外，很多父母习惯攀比，只看到孩子的缺点。他们总是觉得别人家的孩子哪里都好，只看到自己家孩子的不足。这样一来，孩子会在心理上承受很大的压力，而且他们也不敢向父母倾诉。即使孩子明明可以做得更好，却依然无法满足父母的期望。

事实上，每个孩子的内心都渴望得到父母的认可和夸赞。如果孩子尽力了，却仍然达不到父母的期望，那么他们会倍感压力，产生自我否定和自我怀疑的情绪。要记住，每个孩子都有自己独一无二的天赋和长处，父母不应只是一味地给孩子太大的压力，也不能要求他们在每个方面都表现出色。因此，父母在对待孩子时要更理智，保持平和的心态，善于发现孩子的优势并进行培养。

◆ 如何培养孩子的压力管理能力

为什么要培养孩子的压力管理能力呢？原因很简单。如果孩子不能有效地管理压力，那么压力就可能成为他们学习和生活的障碍，甚至对他们的健康构成威胁。例如，未能妥善处理的压力可能导致情绪问题、睡眠障碍等。

对于父母来说，关键在于帮助孩子学会管理压力，使其成为前进道路上的助力，而非绊脚石。通过正确有效的方法和策略，我们可以将压力转化为动力，促进个人的发展和成长。适度的压力也是成长和成功的催化剂。

实际上，许多取得显著成就的人都是在适度的压力下茁壮成长的。因此，为孩子提供适当的压力，既可以促进他们的身心健康，也可以帮助他们的人格发展。

培养孩子的压力管理能力可以帮助他们激发各方面的潜能，增强主动性和智力，提高学习效率，从而在学业和生活中取得更好的成绩。更重要的是，它可以为孩子的健康成长提供支持。作为父母，我们可以通过以下几种方式帮助孩子培养这项能力。

第一，认识压力。

识别压力的来源至关重要。压力可能来自学业、人际关系，或者对过去未完成事情及未来的担忧。通过理性分析，我们可以帮助孩子区分哪些是自己能够控制和改变的，哪些是自己需要学会接受的。例如，面对考试和升学的压力，虽然考试不可避免，但我们可以通过提高考试技巧和学习效率缓解这种压力。

和孩子一起了解压力的来源，让他们认识到有压力是很正常的，应学会接受压力，而不是逃避。

高一学生小张在初中时成绩优异，常年位于班级前 5 名。然而，进入高中后，他发现自己被许多同样优秀的同学包围，在背单词和理解新概念上不如其他同学那么快，感到了前所未有的压力。这让他怀疑自己的能力，感觉自己似乎不再适应高中的学习节奏，因而经常情绪低落。

在与小张深入交流后，我帮助他了解了自己感受到的压力来源于学业、人际关系，帮助他认识到不同压力源对他的影响，并分析造成压力的具体原因。

同时，我鼓励他从另一个角度看待这个问题。处在充满竞争的环境中，其实是一个可以从优秀同学身上学习、相互激励进步的机会。我们讨论了如何将这种竞争视为一种激励。小张开始尝试与同学们进行更多的学习交流和合作。逐渐地，他不仅在学习上取得了进步，也在这个过程中获得成长。

根据认知行为理论，个体的思维、情绪和行为之间存在密切关系。父母通过帮助孩子认识自己的压力源及掌握应对压力的方法，可以帮助他们更好地调节情绪，做出合适的行为反应。

第二，表达压力。

父母可以帮助孩子认识到压力的存在，并鼓励他们通过健康的方式表达和处理压力；鼓励孩子通过语言、写作或绘画等方式表达自己的压力和情绪，帮助他们释放负面情绪并获得情感支持；指导他们建立积极的问题解决策略，帮助他们应对压力并寻找解决方案。

你可以选择一个具体的情境。例如，孩子在每次大考前感到紧张。你可以与孩子分享自己曾经类似的经历，并告诉孩子，自己当时是如何面对这种压力的。例如，你可以说："我记得当年每次考试前，一开始我也会非常紧张，但后来我意识到只要我充分做好准备并相信自己，我就能够应对这个挑战。平时，我花了很多时间研究考题，不断练习，并寻求老师和同学的帮助。最终，我每次也能顺利地完成考试。而这个经历也让我更加自信，得到成长。当你感到压力时，你可以用自己轻松的方式表达，比如画画，比如找同学、找我们交流。不过，请记得相信自己的能力，并为自己的目标做好充分准备。”

第三，倾听和理解。

父母可以与孩子进行开放式对话，倾听他们的担忧和感受，给予他们理解和支持。

在心理学中，罗杰斯的人本主义理论强调了倾听和理解的重要性。根据罗杰斯的观点，倾听是指接纳、理解和对个体表达的人文关怀，这种关怀有助于个体的成长和发展。

例如，进入青春期的孩子，在学业和人际关系上感到压力很大。父母及时观察到了孩子的情绪变化，可以与他们进行开放式对话，倾听孩子的担忧和感受。

父母选择一个轻松的时刻，创造安静的沟通环境。例如，在晚饭后或散步时告诉孩子，他们愿意主动倾听他的想法和感受，同时承诺不会进行批评或指责。

父母可以给予孩子足够的时间和空间，让他们自由发挥，表达自己的感受和担忧。在这个过程中，父母尽量保持冷静和客观，避免对他们的表达进行干预或评判。在家庭教育中，理解孩子如何健康地处理和倾诉压力是至关重要的。正确的倾诉方式不仅能帮助孩子释放内心的压力，还能激发他们找到解决问题的策略。

当孩子感到有压力时，鼓励他们将心中的烦恼和压力与其信任的成年人分享，如老师、同学或父母是非常有益的。关键在于这种分享应该是理性的，而不是简单地抱怨。理性的倾诉意味着在分享压力的同时，也在积极寻找解决问题的方法，而不是沉浸在问题中无法自拔。在这个交流的过程中，父母需要及时觉察和支持。父母可以在适当的时间用简短的话语确认孩子的感受，表达理解和支持。例如，“我明白你现在感到很焦虑”或“我听到你说你觉得很困惑”，这样的表达可以让孩子感到被理解和支持。

父母还可以鼓励孩子多说一些关于自己内心感受的话，帮助他们更深入地探索自己的情绪和想法。在这个过程中，父母要避免打断或做出负面评价，尊重孩子积极的表达。

通过这种开放式的倾听和理解，父母能够更好地了解孩子的内心世界，建立互信和沟通的基础，从而有助于缓解他们的压力并提供适当的支持和指导。

父母的态度和行为对孩子的压力管理能力有着直接的影响。如果父母总是过于严厉，不允许孩子犯错或探索自己的兴趣，这样的环境会让孩子感到被束缚，长期下来可能会损害孩子的自尊心和自信心。相反，一个支持和鼓励的家庭环境可以帮助孩子学会正面应对压力，提升解决问题的能力。

第四，设定合理的期望。

父母可以帮助孩子设定现实的目标和期望，避免过高的期望给孩子带来不必要的压力。

根据阿尔伯特·班杜拉的自我效能理论，个体对自己能力的信念会影响其行为和情绪反应。孩子设定的目标与其能力相符，会增强他们的自我效能感，从而提高其动力和成就感。

例如，孩子在学业上感到压力很大，父母可以帮助孩子设定合理的学习目标，避免过高的期望给他们带来不必要的压力。

父母要充分了解孩子的学习能力和兴趣爱好，包括他们擅长的学科和感兴趣的领域；与孩子一起讨论并确定具体、可行的学习目标，确保目标既考虑到孩子的能力，又能够激发孩子的学习动力。

父母可以向孩子强调，目标不是追求完美，而是在学习过程中取得进步；可以鼓励孩子将目标分解为更小的阶段性目标，并在每个阶段取得成就时给予正向肯定和鼓励。

同时，父母还可以为孩子提供必要的支持和资源，让他们更好地实现目标，如提供学习资料和时间管理建议；引导孩子学会自我评价，及时调整目标和计划，以适应实际情况和个人需求，从而减少不必要的压力。

在家庭教育中，父母可以注重培养孩子的多元智能。根据多元智能理论，每个孩子在 2 ~ 3 个领域都有天赋。因此，父母不应该总是拿孩子的不足与其他孩子的长处比较。父母要做的是发现孩子的天赋和优势，并根据孩子的特点进行个性化教育。通过放大孩子的闪光点和天赋，孩子才能具备不可替代的竞争力，并在自己真正擅长的领域中获得自信。

总而言之，通过这些实际操作，父母可以帮助孩子根据自身能力和兴趣设定合理的目标，从而减少孩子的学业压力，增强自我效能感和学习动力。

第五，学习放松技巧。

父母可以教会孩子一些简单的放松方法和情绪调节技巧，如深呼吸、正念冥想、放松训练、艺术绘画或体育锻炼，鼓励孩子寻找适合自己的放松方式，以缓解压力带来的负面情绪，帮助他们在紧张的学习或生活中找到平和及平衡。

父母可以实际引导孩子进行放松练习。例如，父母可以与孩子一起找一个安静舒适的地方，放一首轻音乐，然后引导他们进行深呼吸和肌肉放松。“现在，闭上眼睛，深吸一口气，然后慢慢吐气，感受身体的放松。接下来，从头部开始，逐渐放松每一块肌肉，让身体感觉更加轻松和舒适。同时，尝试想象自己正在一个美丽的花园里漫步，听着鸟儿的歌声，感受阳光的温暖。在这个过程中，专注地感受每个细节，并让自己完全放松。”通过这样的具体实践，孩子可以更好地感受放松练习的效果，并在需要时运用。

第六，合理规划时间。

父母可以帮助孩子学会时间管理，鼓励他们制订切实可行的学习计划；可以跟孩子一起制订学习计划和目标，帮助孩子分配时间并设定优先级，同时留出足够的休息时间，以提高学习效率；可以教导孩子使用时间管理工具，如番茄工作法、任务清单等，帮助他们更好地组织学习时间和任务。

父母还可以与孩子一起制订具体的每日学习计划，并将其可视化。例如，使用一个大型日历或制作一个学习计划海报，让孩子可以清晰地看到每天的学习任务和休息时间。父母可以说："我们可以把每天的学习任务写在这个日历上，然后用不同颜色的标记区分不同的科目。我们还可以将休息时间也加进去，例如，每隔一段时间就安排短暂的休息。当完成一个任务时，我们可以用彩色的贴纸标记，这样就能够看到自己的进展。通过这样的计划，我们可以更好地掌控时间，合理安排学习和休息。"

通过这类实际操作，不断规划、总结、复盘，有助于让孩子更加深刻地体验到时间管理的重要性和有效性。当面对各类压力时，孩子不会试图一次性解决所有问题，而是学着将大问题分解成小问题，一步一步地解决。这样可以帮助孩子缓解焦虑，并且享受挑战自我的过程，进而变得更加自信。

第七，积极的心态培养。

父母可以鼓励孩子以积极的心态面对挑战，将困难视为成长的机会；陪伴孩子正确看待压力，将压力视为生活的一部分，作为成长和学习的动力；帮助孩子建立积极的思维模式，如正面思考、感恩练习等；引导孩子建立自我肯定和自我激励的习惯，增强自信心和应对挑战的能力。

父母可以与孩子分享自己的具体的成长故事。例如，你可以告诉孩子自己小时候参加过一次数学竞赛，起初自己感到很挫败，但坚持不懈地练习，寻求老师的指导并参加了一些辅导班。最终，你取得了不错的成绩。而这个经历也让你明白了努力和坚持的重要性。你可以说："这个经历让我明白，每个人都会遇到困难，但只要我们肯努力并相信自己，我们就能够克服困难并取得进步。所以，当你遇到困难时，不要轻易放弃，要相信自己的能力，并寻找解决问题的方法。"通过这样的实例，孩子可以更具体地理解积极的成长心态，并在面对困难时更有信心和勇气。

父母还可以引导孩子多关注生活中的积极面，促进正面思考，形成乐观态度；教导孩子使用积极的心理暗示或肯定性语言增强自信心，如"我能行""我值得"等；鼓励孩子在面对挑战或困难时用积极的语言鼓励自己，激发内在动力。

以上方法结合了积极心理学和教育心理学的理论，可以帮助孩子养成积极的思维模式、自我肯定和自我激励的习惯。根据自我效能理论，个体的自我信念和信心会影响他的行为和表现。通过教给孩子有效的积极思考的方法，可以提高他们对自己能力的信心，从而更好地应对挑战。

持续的实践和引导有助于培养孩子健康的心理素质，增强他们应对挑战和困难的能力，实现全面发展和快乐成长。

第八，建立全面支持系统。

父母可以帮助孩子建立包括家人、老师或朋友在内的支持系统，让他们知道可以及时分享自己的困难和压力；鼓励他们参与有益于心理健康的活动，如兴趣班、社交活动等，以增强社会支持和心理韧性；创建系统的支持，引导孩子学会有效地处理压力，提升情绪调节能力和心理健康水平。

（1）情感支持

父母可以每天与孩子进行 10 ~ 15 分钟的“心灵对话”，让他们分享一天中的开心和烦恼，关注他们的内心世界；与孩子分享一天中发生的有趣事情或感人时刻，让他们感受到被倾听和关注；经常给予孩子鼓励和肯定，让他们感受到家是温馨的避风港，无论遇到什么困难，都有父母支持。

（2）学习支持

父母可以为孩子创造舒适的学习环境，如整洁的书桌、柔和的灯光等，让他们有愉快的学习空间；鼓励孩子尝试新的学习方法和技巧，如使用卡片复习法、制作思维导图等，找到孩子的优势学习管道，帮助他们提高学习效率；与孩子一起制订每周的学习计划和目标，然后定期进行反馈和调整，让孩子参与规划自己的学习生活；在孩子学习时提供适当的帮助和指导，鼓励他们独立思考和解决学习难题。

（3）社交支持

父母可以主动组织大家庭活动，如聚餐、户外运动、周末郊游、手工制作等，增进家庭成员间的亲密度，同时培养孩子的团队合作意识和社交技能；鼓励孩子主动参与社区服务活动，如义务清洁环境、陪伴老年人等，培养他们的责任感和同理心，让他们感受到家庭对他们参与社会活动的支持和关注。

（4）心理健康陪伴

父母可以和孩子一起学习冥想和放松技巧，每天进行 5 ~ 10 分钟的冥想练习，帮助他们调节情绪和放松身心；定期组织家庭心理健康讨论会，讨论如何应对不同的情绪和压力，让孩子了解心理健康同样重要；定期陪伴孩子观看一些正能量的励志故事或影视作品，引导他们树立积极的人生态度；在家庭中推行积极的情绪表达文化，鼓励孩子在遇到困难时懂得倾诉。同时，父母也要勇于示范积极的情绪管理方式。

通过这样的方法，父母可以建立更加亲密、有爱的支持系统，将更加贴近孩子的需求和感受，能够在日常生活中为他们提供更温暖、更贴心的支持，让他们在温馨的家庭氛围中茁壮成长。

作为 3 个孩子的妈妈，我相信通过这些方法的实践，父母不仅能帮助孩子有效管理压力，还能激发他们的潜能，促进他们的全面发展。毕竟，正确面对压力是孩子走向成熟、成功的重要一步。

在众多的实际案例中，我看到即使表现一直很好的孩子，也可能在面对挑战和压力时感到困惑和无助。因此，父母的任务是帮助孩子建立内在的力量，让他们有勇气面对挑战，有信心战胜困难。

在家庭教育中，培养孩子的压力管理能力是一项至关重要的任务。这不仅关乎孩子当前的心理健康，更影响他们未来面对挑战的能力。通过这些方法，我们不仅帮助孩子正向认识压力，建立面对压力时的正确心态，而且培养了他们面对挑战时的韧性和积极态度，在潜移默化中培养了他们的自信心和解决问题的能力，为他们的未来奠定了坚实的基础。这样的经验将成为孩子的宝贵财富，伴随他们成长，并在未来的道路上发光发热。

行动方案

当下的觉察：以前，在孩子的各类考试或比赛的准备过程中，你是否及时看到孩子有压力的行为表现？当时你是如何处理的？

下一步行动：接下来，在孩子的家庭陪伴过程中，你会如何培养孩子的考前压力管理能力？请给出1～2个具体的可行性行动方案。

第4章

孩子，我该如何培养你的创新创造力

面对孩子的提问，给予耐心和支持。

如何培养孩子的批判性思维

在这个快速变化的世界里，培养孩子的批判性思维比以往任何时候都显得重要。

孩子在上历史课时，老师讲述了一段历史事件“瓦尔登堡战役”。据老师描述，这场战役发生在中世纪的欧洲，是一场惨烈的战争，造成了数以千计的人员伤亡。孩子们听得入迷，但有一个孩子陆小明不只是接收了这些信息，他还提出问题：“老师，我们只听到了这个事件的一个版本，但我想知道，这场战役的另一面是什么？它的背后可能隐藏着怎样的原因和结果呢？”

老师惊讶地看着陆小明，露出了欣慰的微笑。这样的问题很少有学生会提出，但它却会引发另一个有趣而深刻的讨论。

随着讨论的不断深入，孩子们都会逐渐意识到历史并不是一成不变的，而是可以通过不同的视角来理解和诠释的。他们学会了怀疑单一的叙事，去探索事件背后更深层次的含义。

这正是批判性思维的开端——不只接受表面信息，还要深入挖掘、质疑并寻求更深层次的理解。

批判性思维涉及对信息的深入分析、评估和反思，它不是简单地批评或否定，而是建立在充分的理性和客观事实基础上的思考、评估和判断。通过这种思维方式，我们不仅学会了质疑，而且学会了通过有力的论据和分析支持自己的观点。

回到上述孩子的案例，通过培养批判性思维，他不仅在课堂上变得更加活跃，而且在生活中也能独立思考。面对复杂问题时，他能从多个角度进行分析，做出更理性和客观的判断。

培养批判性思维的重要性在于它不仅是学习知识的工具，更是一种生活的态度。在信息爆炸的时代，孩子每天都会接触大量的信息和观点。如果缺乏批判性思维，他们可能会轻易接受错误或有偏见的信息。而通过培养批判性思维，孩子可以学会独立思考，区分真伪，形成自己的观点和判断。这对他们的学习和未来生活都具有重要意义。

◆ 父母如何在行动上支持孩子的批判性思维训练

批判性思维不仅是一种思考的技巧，更是一种生活的艺术。它教会我们怎样在复杂多变的世界中保持清晰的头脑，怎样在众多声音中找到自己的立场。作为父母，我们的任务是引导孩子探索世界，同时赋予他们独立思考和判断的能力。通过耐心和细致的引导，我们可以帮助孩子建立批判性思维的基础，为他们的未来打开无限可能。

如今，想培养孩子的创新能力，批判性思维已经成为必不可少的能力之一。然而，从古至今，我们的文化传统似乎更多强调知识的积累和遵循权威，如“学富五车”和“位居尊座”等词语所体现的主要是对知识的重视和对权威的尊敬。但是，随着时代的发展，单纯的知识积累已经不能满足社会的需求。我们需要的是能够独立思考、创造新知识的创新型人才。这正是批判性思维的价值所在。

批判性思维还是一种探索真理、追求进步的精神。历史上无数的进步和发明都是批判性思维的结果。例如，伽利略对亚里士多德的地心说提出质疑，并通过实验验证了自己的观点，推动了科学的进步。在现代社会，批判性思维同样是推动科技创新、解决复杂问题的关键。

作为父母，我们的行为对孩子批判性思维训练的影响是深远的。

第一，我们可以通过日常对话中提出开放式问题来鼓励孩子思考。例如，当孩子谈论他在学校学到的内容时，我们可以问：“你为什么这么认为呢？”或者：“还有其他可能性吗？”这样的开放性问题可以鼓励孩子深入思考，而不是仅仅接受表面的答案。

第二，我们可以通过自身的行为来做榜样。当面对决策时，向孩子展示我们是如何权衡不同的信息和观点、如何进行理性分析和判断的。通过这种方式，孩子可以学会批判性思维的过程，并将其应用到自己的生活中。

安少南和他的父母一起在家里享用早餐时，他的父母正在热烈地讨论当地政府计划建设新公园的新闻。少南好奇地凑过去，想知道他们在说什么。

父母谈论了政府计划建设新公园的好处和能带来的问题，他们一方面提到了公园会为社区居民提供更多的休闲娱乐空间，另一方面又担忧新公园可能导致附近树木被砍伐，影响生态平衡。少南在听到这些观点后感到很惊讶，因为他从来没有意识到做出决策需要考虑这么多的因素。

少南的父母并没有对这个问题达成一致的意见，他们展示了如何权衡不同的信息和观点，并且如何进行理性分析和判断。他的妈妈提出了保护环境的重要性，认为在建设新公园时应该更加注重生态保护。而他的爸爸则着重强调了社区居民的需求，认为新公园将为大家提供休闲娱乐的场所。他们之间的辩论并不是为了谁对谁错，而是为了更好地了解问题的各个方面，以便做出更明智的决定。

少南默默地倾听着父母的讨论，开始思考自己的观点。他意识到决策并不是简单的是非对错，而是需要综合考虑各种因素。他决定将父母的这种批判性思维过程应用到自己的生活中。从那天起，每当面临决策时，他都会尝试收集更多的信息，并进行理性分析和判断。

几个月后，少南的学校组织了一次关于环保的义务活动，他们要去附近的公园清理垃圾并种植新的树木。活动结束后，班主任问他们对环保的看法。少南不仅分享了自己对公园建设的想法，并提出了一些建设性的建议，比如在建设新公园时应该保护周围的自然环境，并且在使用公园时要注意环境保护。

在孩子的成长过程中，父母的榜样起到至关重要的作用。他们可以通过自己的行为向孩子展示如何运用批判性思维，并将其应用到生活中的各个方面。正是由于日常生活中父母的引导和示范，孩子才能够成为具有独立思考能力和理性判断力的个体，为社会的发展做出自己的贡献。

◆ 父母如何在家培养孩子的批判性思维

在家庭教育中，关于及时发现和提升批判性思维，我有以下几点建议。

第一，提问和讨论。在家庭生活中，父母应鼓励孩子提出问题，并和他们一起讨论。面对孩子的好奇心，父母可以引导他们自己寻找答案，而不是简单地给出结论。

第二，鼓励独立思考。当孩子面对问题时，父母应鼓励他们先自己思考，即使他们的回答不完全正确，也锻炼了思考能力。

第三，培养批判性阅读。父母在和孩子一起阅读时，应鼓励他们对所读内容提出自己的看法，分析作者的观点是否有偏见，信息是否充分。

第四，学习历史人物。父母通过带孩子学习那些敢于挑战旧观念、勇于创新的历史人物的故事，激发孩子的批判性思维和创新精神。

在这个充满新奇的世界里，批判性思维是孩子走向成功的关键。父母通过日常的互动及引导帮助孩子建立和发展这项重要的能力，不仅有助于他们应对未来的挑战，更有助于培养他们成为有责任感、有创造力和能够独立思考的人。

也许有些父母担心孩子还小，连基本的逻辑思考都难以掌握，又怎能期待他们进行深层次的批判性思考呢？但事实上，培养批判性思维就像种下一棵树苗，需要的只是耐心和正确的方法。

东东在学校上科学课时学到了金属导电的原理。回家后，他带着好奇心和问题问妈妈："妈妈，我们今天做实验得出金属会导电的结论，那真的所有金属都会导电吗？"东东妈妈没有直接给出答案，而是反问："那你觉得呢？"这一问不仅激发了东东的好奇心，也鼓励他自己去探究答案。

东东决定进行实验，他检验了家中的门把手、钥匙、水果刀、勺子等含金属的物品，发现它们确实都导电。虽然结果并没有出乎意料，但这个过程对东东来说意义非凡。妈妈告诉他：

“虽然你没有找到例外的金属，但你通过这次实验不仅方法更加熟练，也解答了心中的疑问。”

这个案例告诉我们，培养批判性思维并不需要高深莫测的理论或复杂的操作，而是从孩子的日常生活出发，鼓励他们对周围的世界保持好奇和质疑的态度，自主寻找答案。这样的过程不仅锻炼了孩子的思考和实践能力，更重要的是培养了他们独立探索和解决问题的信心和勇气。

父母是孩子成长路上的引路人。通过鼓励孩子提出问题、自主寻找答案，我们不仅帮助孩子建立了解世界的桥梁，也在无形中传递了一种重要的信息：即使面对困难和挑战，也要勇于尝试和探索。这样的精神将伴随孩子一生，成为他们宝贵的财富。

◆ 如何在生活中引导孩子持续保持批判性思维

在这个充满变化和挑战的时代，我深知培养孩子的批判性思维是一项至关重要的任务。这不仅是为了孩子的学术成就，更是为了他们能够健康成长，成为独立思考和解决问题的人。那么，作为父母，我们能如何引导呢？

第一，支持孩子大胆地质疑。

好奇心是所有学习的起点。我们要鼓励孩子，在学习的过程中不仅接受现成的知识，更要勇于提出“为什么”，探索背后的原因。这种探索精神正是批判性思维的萌芽。例如，当孩子问为什么天空的颜色是蓝色时，我们不应该急于给出答案，而是可以反问：“你怎么看呢？”这样的对话可以激发孩子进一步地思考和探索。

黎小雅是一个充满好奇心的小女孩，她喜欢提出各种问题。有一次，她问妈妈：“为什么西瓜是红色的，而黄瓜是绿色的？”这个问题看似简单，却蕴含着孩子对生活的好奇和探索欲望。然而，由于小雅总是提出这样的问题，她的妈妈感到很烦恼，并试图让她减少提问。这种做法无疑扼杀了小雅探索世界的热情。

作为父母，我们应该意识到孩子的每一次提问都是宝贵的学习机会，我们不应该压制他们的好奇心；相反，我们应该鼓励他们表达自己的想法，并支持他们进行论证。这不仅可以帮助孩子锻炼思考和表达能力，还能增强他们的自信心。

第二，引导孩子辩证地思考。

我们需要教会孩子，对于任何问题都可以有不同的观点和答案。通过和孩子一起讨论不同的观点，我们不仅可以帮助他们看到事物的多面性，还可以培养他们的同理心和包容性。

作为父母，我们的任务是提供一个充满爱、鼓励和支持的环境，让孩子可以大胆地提问、自由地表达和深入地思考。这样，我们就能一步步引导他们成为具有批判性思维的人，为他们的未来打下坚实的基础。这不仅关系到孩子的个人成长，更是他们未来在社会中立足的根基。

那么，如何引导孩子辩证地思考呢？

首先，我们要教会孩子从多个角度看待问题。正如那句古话，“横看成岭侧成峰，远近高低各不同”，任何事物都不是单一面的。

小明在学校学到了五角星的画法，他发现通过不同的线条连接可以画出不同形状的五角星。这个简单的发现启发了小明思考问题时尝试改变角度的重要性。

其次，我们需要用辩证的思维引导孩子，展示如何理性思考、多方面分析问题。例如，当面对一个社会现象时，我们可以和孩子一起讨论它的正反两面，引导孩子理解没有绝对的对和错，而是要根据不同的情境分析问题。

然而，在日常生活中，父母可能会无意中犯一些错误，这些错误可能会阻碍孩子批判性思维的养成。例如，当孩子提出质疑时，父母可能由于忙碌或其他原因而表现出不耐烦的态度，甚至认为孩子在捣乱。这样的反应可能会使孩子感到被忽视，从而失去提问的勇气。

孩子在课堂上发现老师把一道数学题写错了，他本能地想提醒老师。但想到家里父母对他提出问题时的不耐烦态度，他会选择沉默。这种沉默不仅让问题得不到解决，更重要的是会抑制孩子的批判性思维和勇于发声的自信。

因此，我建议所有父母面对孩子的质疑和提问，即使提出的质疑和问题很幼稚，也请给予足够的耐心和支持。这不仅是对孩子探索世界的鼓励，更是帮助他们建立自信，学会独立思考。当孩子的观点有误时，我们可以指出他们的错误，但更要肯定他们提问的勇气，并引导他们找到正确的答案。

培养孩子的批判性思维需要父母用心参与。通过鼓励孩子从不同的角度看问题、以身作则展示辩证思考及耐心引导孩子正确面对质疑，我们可以帮助他们建立深思熟虑的思考态度，为成为具有独立思考能力的社会公民打下坚实的基础。

行动方案

当下的觉察：以前，孩子在家中针对什么事情提出质疑时被你忽视或敷衍了事？孩子在哪些行为上被打击到，阻碍了孩子进一步批判性思考？

下一步行动：接下来，你会在家里的哪些生活场景中引领孩子重新开启批判性思维的培养？请给出 1 ~ 2 个具体的行动方案。

父母如何有效提升孩子的信息素养

信息素养不仅是孩子适应科技变化和社会发展的基本能力，更是他们在未来社会中立足的重要技能。那么，父母如何有效地提升孩子的信息素养呢？

信息素养包括信息的检索、评估、利用等多方面的能力。如今，孩子生活在信息爆炸的世界里，如果没有良好的信息素养，很容易迷失在海量信息中，无法分辨信息的真伪，也难以有效地利用信息。

陈浩是一个对科技充满好奇心的孩子。有一次，他在做学校作业时需要查找一些资料。最初，陈浩只是随意地点击网页，但很快他发现这样不仅效率低，而且还可能遇到不准确或不安全的信息。经过父母的指导，他学会了验证信息的来源、使用 ChatGPT 等 AI 系统进行关键词搜索，以及从多个渠道收集和比较信息。这不仅帮助他完成了作业，也提高了他的信息处理能力。

信息素养不仅是对技术操作的熟练掌握，更关乎孩子如何高效地学习和生活，以及如何拥有更广阔的视野。作为父母，我们应该注重培养孩子的信息素养，包括教会孩子安全地使用网络和社交媒体，评估和选择可靠的信息源，以及有效地利用信息技术学习和解决问题。这样不仅可以提升孩子的技术操作能力，使他们的学习和生活更加高效，还可以拓宽他们的视野，增强他们的综合能力。

信息素养是当代孩子成长过程中不可或缺的一部分。父母应该积极引导和支持孩子，帮助他们建立强大的信息处理能力。孩子才能在未来的信息社会中游刃有余，展现自己的才华。

◆ 信息素养培养的 4 大关键

刘志是一个对地震研究充满好奇心的 10 岁孩子，面对庞杂的信息，他感到无从下手。在妈妈的引导下，刘志学会了利用图书馆资源和在线数据库，如中国知网，查找权威可靠的资料。通过整理和筛选信息，他不仅提升了自己的信息素养，还成功地制作了一份精美的 PPT，并在班级中分享了他的发现，赢得了同学们的赞赏。

这个案例反映了信息素养培养的几个关键步骤。

第一，引发孩子的兴趣和好奇心。

在培养孩子信息素养的过程中，首要的一步是引发孩子的兴趣和好奇心，要增强孩子的信息意识。例如，刘志对地震研究充满好奇心，这种内在的动机驱使他积极主动地寻求相关知识。父母可以通过观察孩子的兴趣点，或激发孩子对周围世界的好奇心，引导他们关注时事热点，鼓励他们对感兴趣的话题进行深入探索和学习，从而激发他们的求知欲。

第二，指导孩子检索和筛选信息。

学会有效地检索和筛选信息是信息素养的重要组成部分。案例中刘志的妈妈指导他利用图书馆资源和在线数据库进行信息搜索，培养了他的信息查找能力。通过教会孩子评估信息来源的可靠性和权威性，使孩子能够更好地应对大量信息的挑战。

第三，帮助孩子整理和加工信息，转化为知识和见解。

将获取的信息整理、加工并转化为自己的知识和见解是信息素养培养的关键环节。这不仅需要孩子掌握一些技术工具，如 PPT 和 Word 等软件的使用，更需要他们学会组织和呈现信息，使其清晰、有逻辑。信息素养的培养还应包括帮助孩子学会将信息转化为知识，将所学知识应用于实际问题的解决中。

刘志通过整理、筛选信息，制作 PPT 并与同学分享，不仅提升了自己的表达能力，还加深了自己对地震研究的理解。父母可以通过与孩子共同讨论、分享和合作的方式，帮助他将信息转化为能够应用和传递的知识。

第四，提高技术操作能力、批判性思维和创造性思维。

在信息素养的培养过程中，孩子不仅会提高技术操作能力，如信息检索和制作PPT等，还会锻炼批判性思维和创造性思维。通过筛选信息、整理资料和分享成果的实践，孩子可以增强对信息的分析能力和判断能力，同时也激发了创造性思维，促进了对知识的深入理解和应用能力的提升。

信息素养的培养是一个综合性的过程，它不仅关乎技术操作的熟练，更涉及认知能力的提升和创新思维的培养。父母应该更多引导孩子步入信息社会，拥抱知识的“海洋”。

在信息爆炸的时代，培养孩子的信息素养就像在茫茫信息“海洋”中给他们配备一艘航船，不仅是为了让他们技术上能够“驾驭”这艘船，更重要的是教会他们用心“航行”。父母在这个过程中扮演着至关重要的角色。

◆ 信息素养培养的4大方法

第一，营造积极的信息环境至关重要。

想象一下，当家里的氛围充满了对知识的渴望和对新鲜事物的好奇时，孩子自然会被这种氛围吸引，开始主动探索。例如，父母可以和孩子一起观看科普节目，讨论时事新闻，或者参与一些在线课程。这些共同的活动不仅增进了亲子关系，也潜移默化地提升了孩子的信息意识。

第二，信任和以身作则是父母必须做到的。

如果父母总是怀疑网络带来的负面影响，而忽略了其正面的教育价值，孩子就可能会失去利用信息技术进行学习和探索的机会。相反，父母展现出对互联网的正确使用方法，如合理安排上网时间、选择有益的网络内容，孩子自然会学习并模仿这种健康的网络行为。

在这个过程中，父母的角色是多方面的，他们不仅是知识的传递者，更是孩子的引导者和榜样。通过建立开放的沟通渠道，父母可以帮助孩子识别网络中的正面和负面信息，引导他们形成正确的价值观，从而在数字世界中健康成长。

第三，陪伴和指导是培养孩子信息素养的关键。

例如，孩子对太空非常感兴趣，但是面对复杂的天文信息，他们感到既兴奋又困惑。这时，父母可以陪他们一起搜索信息，帮助他们从大量的资料中提炼关键词句，使用图书馆、在线数据库等多元化的信息获取途径。这个过程让孩子不仅获得了知识，更重要的是学会了如何学习。

第四，引导孩子学会分析和思考是信息加工的高级阶段。

父母可以鼓励孩子对获取的信息进行分类、排序，并引导他们思考这些信息背后的逻辑和原因。例如，当孩子在网络上看到某个观点时，父母可以引导他们寻找支持和反对这个观点的证据，从而培养孩子的批判性思维。

网络是一把双刃剑，它既能为孩子的成长提供无限资源，也可能对孩子的心理和行为造成负面影响。因此，培养孩子明辨是非、健康使用网络的能力是父母不可推卸的责任。

培养孩子的信息素养是一个既需要耐心和细心，又充满乐趣和挑战的过程。父母不仅是孩子的引导者，更是他们的同行者，一起在这个信息丰富的世界中探索、学习和成长。

◆ 父母培养信息素养的两大误区

在当今时代，家庭教育中关于如何培养孩子的信息素养已成为一个重要议题。同时，父母的信息素养培养也存在一些误区，需要正确引导。

误区一：过度使用科技产品。

在忙碌的生活节奏下，不少父母会选择通过手机或平板电脑“安抚”孩子，以便获得一些个人时间。然而，这样的行为可能无意中向孩子传达了一个信息：科技产品主要是用来娱乐的。这种观念可能会限制孩子对科技的全面理解和健康利用。

每天晚上，吴明亮的父母都会沉迷于手机信息中，很少与他进行面对面的交流。渐渐地，明亮也开始模仿父母的行为，几乎把课余时间全部花在了玩手机游戏上。这不仅影响了他的学习，还限制了他探索其他科技知识的机会。

这时，父母应该意识到自己在孩子心中的示范作用。通过调整自己的行为，正确引导，以身作则，平衡使用，父母可以重新为孩子建立更加健康的信息环境。例如，为自己和孩子设定使用科技产品的时间限制，鼓励孩子参与更多的户外和家庭活动；利用科技产品与孩子一起探索有益的知识，如观看科普视频、参与在线教育课程等，让孩子认识到科技的正面价值。

误区二：完全禁止接触科技产品。

另一个极端是一些父母因担心网络的负面影响而选择完全禁止孩子接触任何科技产品。这种保护措施虽出于好意，却可能阻碍孩子适应数字化社会的能力。

陈健林的父母严格限制他使用任何形式的电子设备，认为这样可以避免网络的负面影响。然而，他进入高中后，发现自己在信息技术方面远远落后于同龄人。这不仅影响了他的学习，还让他在社交上感到尴尬和孤独。

陈杰是一个初中生，因为以前从未接触过手机和网络，他在第一次获得这项科技自由时就几乎无法自拔。父母最初的反应是完全禁止他接触任何网络设备，认为这样可以避免影响学习。然而，这种极端的做法并没有带来预期的效果，反而让他更加渴望探索那个被禁止的世界。于是，他开始利用一切机会，甚至偷偷去网吧，只为了满足对互联网的好奇心。

从心理学的角度看，孩子未被满足的需求总会在某一个时机通过反抗得以实现，那么陈杰的行为并不难理解。青少年阶段的孩子正处于个性发展、自我探索的关键时期，他们对新鲜事物充满好奇，同时也在寻求自我认同和独立性。一旦感觉到被限制或被剥夺了探索的机会，他们就可能采取反抗的方式去实现自己的需求。

父母可以采取平衡的策略，既不完全禁止孩子接触科技产品，也不放任自流，而是进行适度的开放和正确的监督。

（1）设立规则：与孩子一起制定使用科技产品的规则，明确何时何地可以使用，以及使用的目的。

（2）教育网络安全：向孩子传授网络安全知识，教会他们识别潜在的网络风险，培养健康的网络行为。

陈杰的父母最终选择了更理智的方法解决问题。通过与陈杰沟通探讨后，他们决定在工作日将手机收起来，在必要时让陈杰使用，以保持与同学的联系。这不仅减少了陈杰对手机的依赖，也让他有更多时间进行其他有意义的活动。

更重要的是，陈杰的父母开始重新考虑自己对互联网的态度。

他们意识到，完全禁止陈杰接触网络并不是可行的解决方案。相反，他们开始引导陈杰学习正确使用网络，培养其信息素养，让他知道互联网不只是娱乐的工具，更是学习和探索世界的窗口。

关于教育体系的选择，我们应该认识到，没有一种教育模式是完美无缺的。对于那些极力推崇自然教育而排斥科技产品的学校，父母需要理智评估。确实，幼儿园阶段的自然教育是非常宝贵的，但随着孩子的成长，合理地接触和使用信息技术也同样重要。我们不能将科技产品视为“豺狼虎豹”，而应该教会孩子将其作为学习和成长的助手。

正确的家庭教育应该是开放而非封闭的、引导而非禁止的。父母的任务是教会孩子在信息爆炸的时代明辨是非、健康成长。父母可以授之以渔，让孩子学会在海量信息中筛选、学习和利用，这才是帮助他们走向成功的关键。

行动方案

当下的觉察：以前，你采用什么形式培养孩子的信息素养？是否有对孩子信息素养的培养产生过认知误区？具体是什么？

下一步行动：接下来，你会如何培养孩子的信息素养？请给出1~2个具体的行动方案。

如何培养孩子的自我认知能力

每个孩子都是独一无二的，他们拥有自己的梦想、兴趣和挑战。作为 3 个孩子的妈妈，我深信，培养孩子的自我认知能力不仅是帮助他们了解自己，更是赋予他们掌控未来的关键。

为何在家庭养育中，孩子的自我认知能力至关重要，应被置于学习的首位呢？

自我认知是孩子认识世界的基石。只有当孩子充分了解自己时，他们才能够理解外界。这不仅包括认识自己的优势和弱点，还包括了解自己的情绪、兴趣和价值观。这样的认知能力使孩子能够做出更适合自己的选择，从而主宰自己的生活。

作为父母，我们通常如何看待自己的孩子呢？可能我们经常关注孩子的不足，希望他们能够改进。然而，这种关注往往会无意中表达出我们对孩子的不信任和不满意。

相比之下，孩子的自我评价往往更加直接，他们可能因为缺乏自信而对自己持负面看法。例如，我有一个朋友，他的孩子经常说自己“做不到”，在尝试新事物前就已经放弃。通过与朋友交谈，我发现这种消极态度很大程度上是由父母的否定言论引起的。

那么，自我认知能力到底是什么？

许多人可能会将自我认知简单地理解为自我了解，但实际上，自我认知远比这复杂得多。自我认知不仅是对自我的整体了解，它更关注个体对自己某一方面的看法和态度。从社会心理学的角度看，自我认知是基于社会角色构建的自我意识，是在与他人交往过程中形成的对“我是谁”的认知。

自我认知是一个人对自己存在的觉察，包括对自己行为、心理状态及认知的理解。它涉及个体对自身能力、水平、优缺点、性格特征等方面的自我评价。

自我认知能力是个体成功的关键。它不仅帮助个体正确评估自己的强项和弱点，还有助于个体制定符合自身实际的目标和计划。更重要的是，良好的自我认知能力能够促进个体的情绪调节和社会适应，为其未来的成长打下坚实的基础。

郭玲是一个普通的孩子，但她的父母非常注重培养她的自我认知能力。他们鼓励郭玲探索自己的兴趣和擅长的事物，并始终给予正面的反馈和支持。慢慢地，郭玲开始发现自己对艺术特别感兴趣，并在这个领域表现出了惊人的才华。通过不断的努力和实践，她最终成为一名成功的艺术家。郭玲的故事告诉我们，通过认识自己并专注于自己的优势，每个孩子都能够发挥自己的潜力。

◆ 建立自我认知的 6 大方式

如何培养孩子的自我认知能力呢？父母可以通过以下 6 大方式逐步让孩子全面建立对自己的认知。

（1）提供反馈和鼓励

当孩子完成某项任务或面对挑战时，父母要给予他们真诚的反馈和鼓励。这不仅能帮助他们认识到自己的努力和成就，也能促使他们更好地了解自己的能力和局限。

（2）鼓励自我反思

父母要引导孩子在日常生活中进行自我反思。例如，通过日记记录或家庭对话的方式，让孩子思考自己的行为、情感和选择，以及这些因素如何影响了自己的生活。

（3）支持探索和尝试

父母要鼓励孩子探索不同的活动和兴趣，让他们有机会找到自己真正热爱的事物。通过尝试，孩子能够更好地了解自己的喜好和能力。

（4）避免贴标签

父母要避免给孩子贴上任何限制性的标签，如“不擅长运动”或“总是粗心”。这样的标签可能会限制孩子对自己的认知，阻碍他们的成长。

（5）倾听和理解

父母要倾听孩子的想法和感受，从他们的角度理解问题。这能让孩子感到被支持和理解，从而增强他们的自我认知能力。

（6）做好榜样

父母自己也应该努力提高自我认知能力，并通过自己的行为为孩子树立榜样。当孩子看到父母在面对困难时能够积极反思和调整，他们也能学会面对自己的挑战。

洪敏拿回家一张80分的数学试卷，泪眼汪汪地告诉妈妈，她原本可以得到92分。这个行为表示洪敏对自己数学能力的清晰认知，她知道自己在哪些方面做得好，哪些方面需要改进。她的妈妈没有直接批评她的分数，而是询问她为什么这样认为，然后一起讨论如何在下次考试中改进。这种支持和指导帮助小敏不仅理解了自己的能力，还学会了设定目标和采取行动去实现这些目标。

通过这些方式，父母不仅帮助孩子建立了自我认知能力，还教会了他们面对失败和挑战，这是他们走向成功不可或缺的技能。

在探索自我认知的过程中，我们经常遇到认知上的偏差和误区。这并不意味着我们的认知是错误的，而是说明我们对自己的了解可能不够全面或深入。正如古人对地球形状的理解一样，他们的认知受限于当时的技术和知识水平，但并不意味着他们的认知完全错误，只是他们的视角有限。

我们每个人的性格、行为和认知都不可能是单一维度的。例如，有人自认为是活泼健谈的人，却被朋友视为文静。这种差异并不表示自己或他的朋友错了，而是显示了个体行为的多面性。在不同的环境和情境下，我们可能展现出不同的方面。有些人在熟悉的人群中可能表现得更加开放活泼，而在陌生人面前则显得文静保守。这种行为的变化是正常的，也是自我认知过程中非常重要的一部分。

◆ 培养自我认知能力的 4 个关键阶段

我们要培养自我认知能力，需要接受自己的多面性，认识到自己在不同的情境下可能会展现不同的性格特征。以下是几个实用的建议。

（1）持续反思：定期花时间反思自己的行为、情感和思想；试图理解在特定情境下我们为什么会以某种方式行动或感受，并思考这是否符合我们对自己的整体认知。

（2）寻求反馈：从家人、朋友和同事那里获取反馈，了解他们是如何看待我们的。这些外部视角可以帮助我们发现自己可能忽略的行为模式或性格特质。

（3）拥抱变化：认识到随着时间的推移，我们的认知、情感和行为可能会发生变化。自我认知是一个持续的过程，而不是一个固定的状态。

（4）专业指导：如果可能，寻求心理学专家的帮助可以进一步提高我们的自我认知能力。专业人士可以提供工具和策略，帮助我们更深入地了解自己。

在培养自我认知能力的过程中，重要的是保持开放和接纳的态度。我们要避免对自己做出严厉的判断，并且以一种探索和学习的心态看待自我发现的过程。记住，自我认知的目标是增进自我理解和接纳，从而促进个人成长和发展。

在深入探讨自我认知的奥秘时，我们可以将其比作一段旅程。这个旅程分为 4 个阶段，每个阶段都是自我发现和成长的关键时刻。

第 1 阶段：无知的自信（不知道自己不知道）。

想象一下，一个刚学会走路的小朋友，他勇敢地迈出步伐，完全不知道跌倒的风险。他以为自己能够征服任何地形，但很快就会发现事实并非如此。这就像我们在自我认知的旅程上的起点。我们可能认为自己对自我了解得很清楚，但实际上我们可能只是看到了自己性格的一小部分，而忽略了其他方面。

第 2 阶段：觉醒的自卑（知道自己不知道）。

我们开始意识到自己的局限性。就像学习骑自行车，一开始我们可能认为只需蹬踏板和保持直线运动就足够了。但当我们真正尝试时，才发现需要学习平衡、转向和制动等技能。这个阶段的关键在于接受自己的不完美，并愿意开放心态，学习和成长。我们开始寻找方法和途径增进对自己的了解，正如那些开始意识到自身在某些领域缺乏技能的人一样。

第 3 阶段：自信的探索（知道自己知道）。

当我们开始在自我认知的旅程上取得进展时，我们会更加自信地掌握自己的特长和弱点。我们知道如何利用自己的优势，并努力改善缺点。这就像骑自行车时，我们已经能够自如地在不同的路面上平衡和转弯了。我们不再因为害怕失败而回避挑战，而是勇敢地面对它们，因为我们知道自己能够处理。

第 4 阶段：无意识的熟练（不知道自己知道）。

最终，我们达到了自我认知的最高境界，那里的学习和成长变得如此自然，以至于我们不再刻意思考它们。这就像骑自行车成为第二天性一样，我们可以在不经意间做出复杂的动作和决策。在这个阶段，我们保持着空杯心态，始终对新的学习和成长保持开放。

通过这 4 个阶段的比喻，我们可以更好地理解自我认知的过程。每个人的过程都是独一无二的，但重要的是始终保持学习和成长的心态。这样的过程虽然充满了挑战，但也充满了自我发现和成长的机会。

◆ 培养自我认知能力的重要性

培养孩子的自我认知能力至关重要，因为它是孩子掌握未来、主宰自己生活的关键。通过了解自己是谁、想要什么、要做什么及已经做了什么，孩子可以建立对自己的全面、客观的认识。

李丽华是一个对数学特别感兴趣的孩子。通过培养自我认知能力，她意识到自己在逻辑思维和解决问题方面的天赋。这种认知帮助她确定了聚焦于数学和科学学习的目标，并在此基础上规划了自己的学习路径。清晰的自我认知不仅帮助她发现自己的热情和优势，而且为未来的学习和生活铺好了路。

自我认知是孩子成长和学习的基石。父母的任务是引导孩子探索自己的内心世界，帮助他们建立对自己的深刻理解。这样，孩子不仅能够更好地认识自己，还能够更加自信地面对生活中的挑战和机遇。

作为一位专注于家庭教育的3个孩子的妈妈，我深知培养孩子自我认知能力的重要性。这不仅是一个心理学概念，更是一个关乎孩子未来成长和成功的基石。

刘明是一个初中生，他对学校的各种课程感到迷茫和无趣。每天回家后，面对堆积如山的作业，他总是提不起劲来。然而，一次偶然的机会，他参加了一个航模兴趣小组。在这个过程中，刘明发现了自己对制作和飞行原理的浓厚兴趣。这个发现不仅让他在航模领域取得了令人瞩目的成就，更让他意识到了学习物理和数学的重要性。这些知识是理解和改进他的航模设计的关键。

这个案例告诉我们，当孩子了解到自己的兴趣所在，以及这些兴趣背后的学科知识如何支持他们的梦想时，他们就找到了学习的意义和方向。培养自我认知就是帮助孩子发现“我是谁”“我喜欢什么”，以及“我为什么要学习这些”。

自我认知的另一个重要方面是它能够帮助孩子建立自我驱动的学习态度。当孩子认识到自己的学习不仅是为了完成作业，或者满足父母和老师的期望，而是为了自己的兴趣和未来的梦想时，他们的学习就会变得更加主动和有意义。

李梦瑶是一个对绘画充满热情的孩子。通过培养自我认知，她意识到自己想要成为一名美学艺术家。这个目标让她开始更加专注于美术课，同时也激发了她在其他课程上的学习兴趣。因为她知道这些知识能够帮助自己更好地理解世界，从而丰富自己的艺术创作。

培养孩子的自我认知能力是一项长期且重要的任务。它不仅能够帮助孩子在学习上取得成功，而且能够让孩子理解自己的内心世界，找到自己的兴趣和激情，从而引导他们走向更加充实和有意义的未来。父母应该鼓励孩子进行自我探索，帮助孩子建立对自己的深刻理解。这将是他们一生中最宝贵的财富。

自我认知能力的培养对于孩子的心理健康至关重要。很多心理问题，如抑郁症和焦虑症，往往源于对自身的认识不足或自我认知中的矛盾。

李元凯是一个十分聪明的学生，但他总感到不快乐。经过与天赋指导师的交谈，他逐渐意识到自己之所以感到苦恼，是因为一直在追求父母为自己设定的目标，而非自己真正的兴趣所在。这种自我认知的提升帮助小李找到了自己的真实兴趣——艺术，他开始追求自己真正热爱的事业，心理状态也得到了显著的改善。

自我认知并不是随着年龄的增长而自然形成的。尤其对于年幼的孩子来说，他们需要在成长的过程中获得适当的指引和支持。清晰的自我认知有助于孩子建立正确的世界观、人生观和价值观，避免因认知扭曲而导致的不良后果。

自我认知能力的培养还有利于孩子在社会中更好地定位自己。没有清晰的自我认知，孩子很难找到自己的位置，无法发挥自己的最大潜力，因为他们对自己的认识不够深刻。每个孩子都可能是未被发掘的宝藏，关键在于引导他们进行自我探索。

◆ 提升自我认知能力的 4 个步骤

父母承担着帮助孩子认识自己、发现自己潜力的重要任务。那么，父母应该如何引导孩子提升自我认知能力呢？

第 1 步，父母要帮助孩子全面了解自己的优势和劣势。

想象一下，如果每个人都是一颗独特的星星，那么即使在浩瀚的宇宙中，也不会有两颗完全相同的星星，这就是我们每个人的奇妙之处。我们可以通过以下两个方面全面地了解孩子。

（1）发现优势：种下自信的种子

父母全面了解孩子可以从发现他们的优势开始。每个孩子都有自己擅长的领域，无论是学术、运动，还是艺术。通过日常生活中的观察和亲子活动，我们可以发现孩子的闪光点。例如，当你看到孩子在公园里奔跑得很快时，你可以赞美他：“宝贝，你跑得真快，好像风一样！”这样的鼓励不仅能够让孩子感受到自己的优势，还能增强他们的自信心，激励他们继续发展自己的长处。

（2）接受劣势：构建成长的脚手架

同时，我们也需要帮助孩子正视自己的劣势。每个人都有自己的局限性，这是完全正常的，关键在于如何看待和处理这些劣势。我们不应该让孩子被他们的劣势所定义，而是教会他们把这些看作成长的机会；告诉他们，了解自己的劣势，意味着他们可以明智地决定何时寻求帮助，何时独立面对挑战。

程方是一个逻辑思维非常强的孩子，他在数学方面表现出色，但在体育活动中总是感到挫败。通过与父母的沟通，他逐渐认识到，数学是他的优势，而体育则是他需要提升的地方。父母鼓励他，告诉他每个人都有自己擅长和不擅长的领域，这是完全正常的。他们还帮助程方制订了一个计划，既利用他的数学优势参加数学竞赛，也安排时间进行体育锻炼，以提升他在这方面的能力。通过以优势增强自信心，从而改变自己的劣势，程方不仅提高了自己的体育水平，还学会了如何面对自己的劣势，因而变得更加自信和坚强。

作为父母，我们的任务是引导孩子走上自我认知的旅程，帮助他们发现自己的优势，同时正视并接受自己的劣势。通过这样做，我们不仅能够帮助孩子建立自信和韧性，还能够教会他们在人生的道路上不断前行，勇敢地面对各种挑战。

第 2 步，激发探索未知自我的欲望。

在孩子成长的过程中，激发他们对内在世界的好奇心至关重要。很多孩子（甚至包括我们大人）可能会觉得自己已经很了解自己了，但实际上每个人都是不断变化、充满未知的宝藏。

培养孩子的自我意识，就是让他们勇于探索那些未知的部分，包括了解自己的思维方式、情绪反应、身体感受等。例如，你注意到孩子在思考问题时习惯闭眼，就可以轻轻询问："宝贝，我看到你闭上眼睛思考，这样做是不是帮助你精神更集中？"这种互动不仅增加了孩子对自己行为的意识，还表达了你对他们行为的关注和支持。

孩子在探索自我的过程中难免会遇到挫折和困惑，这时父母需要给予鼓励和支持。当孩子感到困惑或想要放弃时，温暖的鼓励可以成为他们继续前进的动力。

第 3 步，提供并鼓励寻求客观反馈。

客观的反馈对于孩子自我认知能力的提升是非常重要的。通过自我和他人的反馈，孩子能更全面地了解自己。

李子琪的语文成绩下滑，她开始怀疑自己的能力。妈妈没有直接批评她，而是通过提问引导她找到原因——没有投入足够的时间和精力在语文学习上。在妈妈的鼓励和指导下，李子琪改变了学习策略，结果语文成绩显著提高。由此可见，父母的正确反馈和指导能够帮助孩子更准确地认识自己，从而做出适当的调整。

第4步，引导孩子质疑自己的观点并认清核心价值观。

最后，引导孩子质疑自己的观点和价值观是自我认知深层次的工作。这不仅是关于“我是谁”，更是关于“我想成为什么样的人”。

孩子表达功利性的观点，如“我学习是为了将来能赚很多钱”，父母可以认可他们的部分观点，同时引导他们思考更深层次的问题——真正的满足和幸福来自哪里？这样的对话有助于孩子认识到，除了物质成功，个人成长、对社会的贡献等也是极其重要的价值追求。

父母通过与孩子的日常对话，鼓励他们探索和确认自己的核心价值观，可以引导他们思考：“你认为什么最重要？为了达到目标，你愿意付出什么？”这样的探索不仅能帮助孩子建立自己的价值观体系，还能使他们在面对选择时更加坚定和明智。

通过上述4个步骤，父母不仅能帮助孩子建立对自己的深刻理解，还能引导他们建立积极向上的生活态度。在这个过程中，父母的角色是引导者、支持者和伙伴。通过耐心和细致的引导，父母可以帮助孩子在自我认知的道路上走得更远。

◆ 巧借工具提升孩子的自我认知能力

在当前快速变化的世界里，了解自己的性格和潜能是每个孩子成长道路上的重要一步。指纹性格测试虽然不能百分之百精准地描绘出一个人的全部特质，但它提供了一个有趣且富有启发性的方式，帮助孩子开始探索自我。

MBTI 性格测试是基于心理学家卡尔·荣格的理论发展而来，它将人的性格分为 16 种类型，每种类型都有其独特的优势和劣势。运用这些测试工具，可以帮助孩子更好地理解自己在社交、学习等方面的倾向。

郭柯通过 MBTI 测试后发现自己是 INTJ 类型——内向、直觉、思考、判断，这让他明白了为什么自己喜欢独自思考问题，为何对抽象概念感兴趣。了解到自己的性格类型后，郭柯开始更自信地选择适合自己的学习方式和兴趣领域，父母也更加支持他的个性化需求。

雨悦是一个活泼开朗的孩子，通过性格测试，她发现自己在人际沟通和领导力上得分很高。这让她意识到自己为什么喜欢尝试新事物，为何容易与人建立联系。了解这些性格特点后，雨悦和她的父母一起制订了更多参与社交活动和创新项目的计划，以此发挥她的天赋和优势。

虽然性格测试不能全面定义一个人，但它是自我探索的有力工具，能够帮助孩子从不同的角度了解自己。通过这种方式，孩子可以更清晰地认识自己的优势和劣势，为未来的学习、生活甚至职业规划打下坚实的基础。

父母的作用是引导和支持，要在孩子进行性格测试和自我探索的过程中避免给予标签或限制，鼓励孩子保持开放的心态，欣赏和接受自己的多样性。同时，父母应该注意避免因为性格测试结果而对孩子有预设的期望，以理解、接纳和爱的方式帮助孩子发掘和培育自己的潜力。

王旭彤在与姐姐的比较中会感到自卑和沮丧。每次考试排名低于前5名时，她会陷入消沉，认为自己远不及姐姐优秀。父母在面对这种情况时，常常安慰旭彤下次会更好，但这种默认孩子不够优秀的方式，实际上加深了她的自我怀疑和不安。

父母的错误认知在于，他们默认了旭彤的失败，未能给予积极的反馈和肯定。这种行为传递了一种错误的信息——你不够好。因为旭彤不如姐姐在整体成绩上表现优秀，她开始认为自己确实比姐姐差。然而，父母应意识到孩子的价值不应仅仅通过考试成绩来定义。

父母可以调整优化的做法是体谅和理解。他们可以告诉旭彤，她同样很优秀，不要总是将自己与他人相比。父母还可以鼓励旭彤尝试学习其他技能，从而发挥自己的独特优势，如足球、绘画、吉他等，因为优秀不止一种表现方式。每个人的天赋和能力都是独一无二的，重复他人的成功之路并不可取，而是要鼓励孩子发掘自己独特的才华和潜力。

通过理解和支持，父母可以帮助孩子建立积极的自我认知，让他们相信自己独特的价值，走出比较的阴影，找到属于自己的成功之路。这样的教育方式将为孩子未来的成长和发展奠定坚实的基础。

行动方案

当下的觉察：你的孩子对自我认知的能力如何？在以前的陪伴过程中，你是能智慧地支持孩子建立全方位的自我认知，还是忽略了对孩子自我认知的培养？

下一步行动：你的孩子正处于自我认知能力培养的哪个关键阶段？接下来，你将通过哪几个方式开始帮助孩子建构自我认知体系？

第 5 章

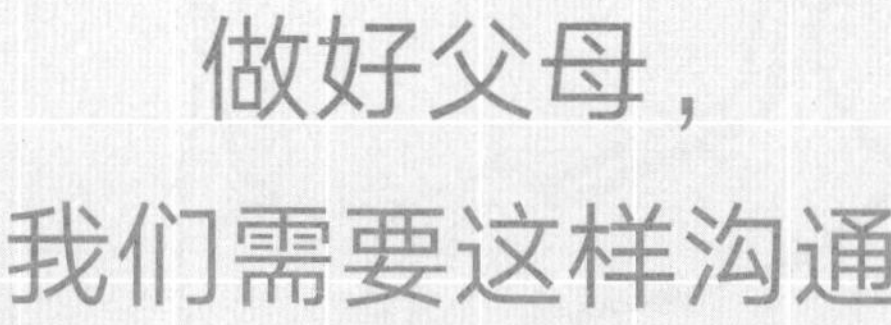

做好父母，我们需要这样沟通

与孩子的老师建立真诚、支持的关系。

亲子沟通的 3 大原则

◆ 亲子沟通不畅带来的负面影响

请看以下场景的对话，大家是否感觉很熟悉？曾经的你有没有以这样的方式跟孩子进行日常交流呢？带来的结果是不是孩子越来越不想跟你说话？

（1）情绪表达的误解

- 孩子：我最近觉得特别难受，没什么事情能让我高兴起来。
- 父母：你怎么总是这么悲观？你看看你的成绩，多优秀啊！
- 孩子：可是成绩好有什么用呢？我感到自己没有价值，很失落。
- 父母：你这样说太消极了，你应该为自己的未来做更多的努力。如果你一直这样抱怨，怎么能有所改善呢？

结果：孩子可能感到被否定和不被理解，父母则可能忽略了孩子的情感需求，导致进一步的隔阂和困惑。

（2）自我表达的困扰

- 孩子：我最近对画画很感兴趣，想学习一下。
- 父母：画画？你考虑过将来怎么发展吗？学习这种没有前

途的东西有什么意义呢？

- 孩子：但是，我真的很喜欢画画，而且这种艺术表现方式能够帮我释放压力和情感。
- 父母：我们支持你的爱好，但你还是要考虑将来怎么赚钱啊！学习一些实用的技能才是更重要的。

结果：孩子可能感到自己的兴趣被贬低，父母则可能忽略了孩子个性化发展的重要性，导致彼此产生分歧和争论。

（3）亲密关系的误解

- 孩子：妈妈，我需要一些私人空间，不想被打扰。
- 妈妈：我们只是关心你嘛，为什么不能和我们分享一切呢？你在房间里做什么呢？
- 孩子：我只是想一个人静一静，看书或听音乐，不想说话。
- 妈妈：你在这个时候这样做，让我们感到很担心。你有什么问题难道不能跟我们说吗？

结果：孩子可能感到被侵犯隐私，父母则可能觉得孩子不信任他们，导致相互之间的猜疑和疏远。

（4）价值观冲突的对话

- 孩子：我觉得女性也应该有自己的事业和独立的人生。
- 父母：女孩子就应该以家庭为重，未来的幸福是离不开家庭的。

- 孩子：但是，女性也应该追求自己的梦想和目标，才能拥有真正属于自己的幸福。
- 父母：你太年轻了，你还没有真正体会到家庭的重要性。我们知道什么对你更好。

结果：孩子可能感到自己的声音被忽视，父母则可能忽略了孩子独立思考和发展的权利，导致代沟及不和谐的家庭氛围。

这些日常对话展示了当父母与孩子之间沟通不畅时可能出现的影响亲子关系的问题。父母与孩子之间需要建立有效的沟通方式以避免误会。

从字面上讲，“沟通”这个词可以拆分成两部分来理解：“沟”是指两个或多个地方之间形成的凹槽、坑道或深坑，通常用来引导流体或连接两个地点；“通”表示通道或通路，使信息、物质或人能够顺畅地通过。因此，组合在一起，“沟通”的字面意思是通过某种方式（如语言等）在两个或多个人之间建立一种联系，使彼此能够相互传递想法、情感或信息。这种联系可以看作一种心理上的桥梁，能够促进人与人之间的理解、交流和互动。

而看似父母和孩子两方之间的日常沟通，其实涉及6个不同的角度，实际上是6个不同的人在交流：你眼中的孩子，别人眼中的孩子，以及孩子自己眼中的自己；孩子眼中的你，别人眼中的你，以及你自己眼中的自己。如果父母在日常交流中缺少这种多角度的观察和思考，就特别容易“自以为是”，也特别容易产生误会。

例如，孩子因为在学校表现不佳，被老师批评，回到家里心情沮丧。

- 父母眼中的孩子：父亲认为孩子懒惰，不努力学习；母亲觉得孩子可能缺乏自信心，需要更多鼓励和支持。
- 孩子的自我认知：孩子在心里责备自己不够努力，感到挫败和失望。
- 孩子眼中的父母：孩子认为父母总是对自己要求太高，不理解自己的困难和压力。
- 父母眼中的自己：父亲可能觉得自己对孩子要求严格是出于对他未来的担忧和期望；母亲可能反思自己是否给予足够的情感支持和鼓励。
- 外人看父母和孩子的互动：外人可能觉得父母和孩子之间存在沟通障碍，需要更多的理解和沟通。

当然，如果父母和孩子长期沟通不畅，也会产生更多的负面影响。

- 误解和冲突：双方可能因为沟通不畅导致意见不合，甚至产生矛盾。
- 孤立和隔阂：沟通不畅会导致双方的孤立和隔阂，孩子可能感到被忽视或不被理解，从而影响亲子关系的紧密度。
- 情感压抑：沟通不畅可能让孩子无法表达自己的情感和需求，长期下去可能导致情感压抑和心理问题。
- 学习困难：如果孩子无法与父母有效沟通，可能会影响学习的效果和兴趣，甚至影响学习成绩和学习动力。
- 孩子不愿意分享自己的事情：父母可以尝试创造一个开放、支持性的环境，让孩子感到自己能够安全地表达自己的想法和感受；建立信任关系，让孩子知道可以倾诉自己的内心世界而不会受到批评或指责。
- 孩子情绪化或抗拒沟通：父母可以先冷静下来，等孩子平复情绪后再进行沟通，避免互相激怒；尝试倾听孩子的情绪表达，理解他们的内在需求，而不是仅仅关注行为本身。
- 孩子不愿意接受父母的建议或规则：父母可以尝试通过讨论、解释和理解的方式，让孩子明白规则的重要性和合理性，而不是简单地强加；建立共同制定规则的机制，让孩子参与其中，增强他们的归属感和责任感。

◆ 确保亲子沟通顺畅的 3 项原则

在沟通中遵循以下 3 项原则，父母可以更好地与孩子建立深厚的情感联系，用语言为孩子构筑自信的“堡垒”，促进孩子的情绪健康和心理成长。

原则 1：共情关注

共情关注是一种艺术，也是与孩子建立深厚联系的基石。它要求父母敏锐地观察孩子的兴趣所在，并以此为基础开展对话。例如，当孩子专注地观察院子里的蚂蚁时，父母没有打断他，而是加入他的世界。他们一起观察蚂蚁，讨论蚂蚁的生活习性，甚至一起做实验，看蚂蚁对不同食物的反应。通过这样的互动，孩子不仅学到了关于自然的知识，而且感受到了父母的关心和支持。这对他们的情感和智力发展都有积极的影响。

想象一下，小明刚从学校回家，满脸沮丧。作为父母，你可能会立即询问：“今天发生了什么事？”这时，你不仅是在寻求信息，而且是在向小明展示你的关心和愿意倾听。这种情感上的共鸣能够让孩子感受到安全和被爱，从而更愿意开放心扉，分享内心的想法和感受。正如心理学家所指出的，一个充满爱和理解的环境是孩子大脑发育的沃土。

当然，共情关注也少不了无声的沟通——倾听。

- 积极倾听：当小明表达他的沮丧时，父母应该全神贯注地倾听，不打断他的发言，展现对他内心感受的关注。
- 非语言沟通：除了语言交流，父母还应注意观察小明的非语言表达，如面部表情、姿势等，以获取更多信息。
- 确认性回应：通过简短的回应确认自己理解了孩子所说的内容，如“我理解你今天感到很沮丧”，表达共情和理解。
- 情绪调节：父母在与孩子交流时要保持冷静和耐心，避免自己的情绪影响对话的氛围。
- 情绪表达：适度表达自己的担忧和关心，但不要过度干预或指责，让孩子感受到支持和理解。
- 保持一致性：在多次交流中保持一致的态度和行为，让孩子感到稳定和安全。
- 提问技巧：通过开放性问题引导孩子深入表达情绪和想法，如“你为什么感到沮丧”，而不是“发生了什么事”。
- 鼓励表达：鼓励孩子表达内心的真实感受，不压抑情绪，让他们感到自己的声音被听见和重视。

总之，共情关注不仅是情感上的连接，更是跟孩子建立信任的桥梁。父母需要尊重孩子的感受和观点，不轻易给予评判或建议，让孩子感到自己被尊重和接纳。

原则 2：轮流说话

轮流说话是亲子沟通的另一个关键元素，它鼓励父母和孩子交替分享想法和感受，从而建立平等、尊重的对话环境。

在一次家庭聚会中，小华的妈妈鼓励他向大家讲述在学校的新体验。小华讲完后，妈妈和其他家庭成员轮流分享自己的相关经历或感受。这样的对话不仅增强了小华的自信心，也帮助他学会了倾听他人的观点和感受。

这并不仅仅是指话语的数量，更重要的是质量。

一天下午，小华兴高采烈地跑到妈妈面前，手里拿着一张画，满脸笑容地说："妈妈，快看我的画！"妈妈放下手中的活儿，温柔地笑着说："哇，这是一幅漂亮的画呀！告诉妈妈，这是什么呢？"小华兴奋地说："这是我和小狗在公园玩的时候想到的画！"妈妈好奇地问："真的吗？那你们在公园里做了些什么有趣的事情呢？"小华眼睛亮晶晶地说："我们玩得超开心！我和小狗一起追着球跑，还给小鸟喂食呢！"这样的对话持续了一会儿，小华不仅分享了他的画作，还讲述了他和小狗在公园里冒险的故事。

同时，小华对恐龙非常感兴趣。他的父母不仅鼓励他分享关于恐龙的知识，还一起查找资料，甚至周末一起去博物馆探索。在周末的时候，他们一家人一起穿过博物馆的大门，进入了奇妙的恐龙世界。他们观察了各种恐龙骨骼化石，听取了导游讲解，还参加了制作恐龙模型的工作坊。小华兴奋地分享着自己的发现和体验，父母也用温暖的笑容鼓励他，让他对自己的兴趣感到自豪。

这种互动不仅增加了父母与孩子之间的对话量，而且激发了孩子的好奇心和求知欲，促进了他们认知能力的发展。

从心理学的角度看，这样的轮流说话模式帮助小华锻炼了叙事能力和逻辑思维。通过妈妈的引导性问题，小华不仅得以表达自己的想法，还被鼓励构建更加完整和连贯的故事。这种互动方式对小华的语言能力和创造性思维的发展起到了积极的推动作用。

（1）启发问题：父母可以通过提出开放性问题，激发孩子分享更多感兴趣的知识。

在轮流说话中，使用开放式问题尤为重要。这类问题通常以“为什么”“怎么办”开头，能够激发孩子的好奇心和探索欲。与简单的是非问题相比，开放式问题能够促使孩子进行更深层次的思考，并鼓励他们独立寻找解决问题的方法。这不仅有助于孩子的认知发展，还能增强他们解决问题的能力。

（2）讲述活动：讲述是一种简单、有效的方法，可以帮助孩子增加词汇量，并理解词汇的意义。当父母在从事日常活动时，他们可以将这个过程变成一个故事，详细描述自己正在做的每一个动作，以及这些动作背后的目的。

当周末来临，小华迫不及待地拉着爸爸妈妈去博物馆探索恐龙的世界。他们一家人来到了博物馆门口，小华眼睛放光，跃跃欲试，而爸爸妈妈则满脸笑容，心怀期待。

爸爸先买了门票，这时妈妈从包里掏出一张地图，仔细研究起来。她指着地图上的标记，解释说：“我们首先去看这里，这里展示了很多恐龙骨骼化石。”她的目的是让小华对恐龙有整体的认识。爸爸则拿出一本书，开始给小华讲解恐龙的生活习性和特点，以及它们在地球上的时代。

一进入展厅，他们就被展示的恐龙骨骼化石吸引了。爸爸指着展柜里的恐龙骨骼化石，向小华解释每一块骨头的名称和功能。妈妈则用手机拍下了许多照片，打算回家后和小华一起回顾。她想让小华通过照片记住这些展品，加深对恐龙的认识。

这种描述性的交流不仅丰富了孩子的词汇，也加深了亲子之间的情感联系。

（3）平行谈话：即父母在与孩子共同参与活动时，将交流的焦点放在孩子身上，描述孩子的行为和感受。这种方法有助于提升孩子的自我意识，增强他们的语言表达能力。

在吃饭摆放餐具时，妈妈不仅指导小华如何正确摆放，还通过赞扬和鼓励的方式让小华感受到自己的努力被认可："小华，看你摆放筷子的样子真棒！你把方头朝外放得很对，这样我们吃饭时就更方便了。你的小花碗很特别，放在爸爸旁边，我们一家人可以愉快地共享晚餐。"

通过这样的交流，小华不仅学习了日常生活技能，也感受了家庭的温暖和支持。

（4）少用代词，多用具体名词：使用具体名词而非代词可以帮助孩子更清晰地理解语境，并且加深孩子对词汇的印象。

当我们称赞小华时，说"小华真能干"比"你真能干"更具体，能够帮助孩子建立自我认同感。同样，指出"小华喜欢的画报在小书架上"不仅明确了物品的位置，也强调了孩子的个人喜好，而不是简单地说"你的画报在那里"。

使用这种细致的语言，有助于孩子更好地理解和记忆新词汇。

（5）倾听回应：父母要倾听孩子的回答，不仅是在表面上接受，还要深入探讨，展开更有意义的对话。

（6）合作研究：父母可以与孩子一起查找资料、阅读书籍，共同探索，增进对话的深度和质量。

（7）实地体验：带领孩子去博物馆等相关场所，亲身感受和观察，激发他们的好奇心和学习动力。

（8）积极反馈：对孩子分享的知识和想法给予积极的反馈与肯定，激励他们继续表达和探索。

运用以上方法，父母可以与孩子建立良好的沟通基础，通过共同的学习和探索引导孩子思考和分析问题，培养他们的逻辑思维和批判性思维能力，促进他们的学习兴趣和认知发展，同时增强亲子关系的紧密度。

原则 3：积极回应

对孩子的表现及时给予温暖的回应是使孩子建立安全感的关键。当孩子遇到挫折或困难时，父母的支持和鼓励可以帮助他们学会面对挫折、克服困难。例如，李丽在学习骑自行车时多次失败，她感到非常沮丧。父亲不仅耐心地鼓励她，还陪她一起练习，直到她学会为止。

这种积极而及时的回应让李丽感受到了爱和支持，也教会了她坚持和努力的重要性。这意味着父母需要对孩子的需求、情绪和行为进行及时且适当的积极反应。例如，李丽在画画时因遇到困难而哭泣，她的妈妈没有直接为她解决问题，而是鼓励她尝试不同的方法，并表达了对她努力的赞赏。积极回应不仅帮助李丽学会了解决问题的技巧，而且培养了她的自信心和独立性。

通过以下操作方法，父母可以在孩子面临困难时给予适当的支持和引导，同时肯定孩子的努力尝试，培养他们的自信心和独立性。

（1）关注细节：父母需要注意孩子的情绪和行为变化，观察到孩子的需求和困难。

（2）倾听表达：父母需要倾听孩子的语言和情感表达，理解他们的内心感受。

（3）引导而非解决：父母需要引导孩子思考解决问题的方法，给予适当的支持，而不是直接为他们解决问题。

（4）提供资源：父母可以给予孩子必要的资源和工具，帮助他们更好地处理困难。

（5）积极肯定：父母应该肯定孩子的努力尝试，而不仅仅是结果。

（6）表达支持：父母需要表达对孩子的支持和信任，让他们感受到安全和被理解。

（7）鼓励尝试：父母应该鼓励孩子尝试新的方法和思路，培养他们的创造性和独立性。

（8）提高自我效能：通过帮助孩子解决问题，提高他们的自我效能感和信心，从而更好地应对未来的挑战。

（9）关心情感需求：父母需要安抚孩子的情绪，让他们感受到被理解和关心。

（10）建立情感联系：通过关注孩子的情感需求，建立亲密的家庭氛围，增强亲子关系的紧密度。

通过这 3 个原则——共情关注、轮流说话和积极回应，父母可以为孩子创造一个充满爱、支持和鼓励的成长环境。这样的环境不仅能够促进孩子大脑的健康发展，还能够帮助他们建立积极的人际关系，培养解决问题的能力，使他们最终成为更加聪明、自信和有爱心的人。

每一个亲子互动都是珍贵的学习机会。通过实践这些原则，不仅能够优化孩子的大脑发展，还能够加深亲子之间的情感联系，共同创造更多美好的回忆。

行动方案

当下的觉察：以前，你曾让孩子感到自己的声音被忽视吗？什么样的沟通方式导致亲子代沟或产生不和谐的家庭氛围呢？

下一步行动：接下来，你在与孩子沟通时会运用哪些和谐沟通原则呢？请列出 1 ～ 2 个具体的行动方案。

4 个关键点助你成为亲子沟通高手

在日复一日的生活中，与孩子的沟通往往被我们忽略了艺术性和技巧性。我们在职场上与领导沟通时总是小心翼翼，斟酌每一个词句，以保持专业形象和工作效率。然而，当我们回到家中面对孩子时，这种“谨慎”却常常烟消云散。我们或许认为，与孩子的交流不需要太多技巧，只需直接表达自己的想法即可。但实际上，这种随意的沟通方式不仅效果甚微，有时甚至会损害亲子关系。

沟通，特别是与孩子的沟通，是一门艺术，也是一项技术。父母掌握与孩子有效沟通的技巧，可以更好地理解孩子的需求，表达自己的期望并共同解决问题。那么，父母如何与孩子建立更加积极、健康的沟通方式呢？有以下 4 个关键点需要注意。

（1）倾听与理解

倾听不仅是听孩子说话，而且要全身心投入，理解孩子的感受和需求。这需要我们放下手机，关闭电视，真正地将注意力集中在孩子身上。例如，当孩子讲述在学校发生的事情时，我们可以通过点头、眼神接触等非语言行为及适时地提问表达关注和理解。

在与孩子的交流中，倾听意味着全方位、无条件地接纳孩子的想法和感受，不仅包括听他们说什么，而且包括感受他们为什么这样说，感受他们没有说出来的情绪和需求。

例如，小蕾是一个8岁的小女孩，最近因为在学校遇到了一些麻烦而感到沮丧，她决定向妈妈倾诉自己的感受。如果这是你的孩子对你倾诉，你会如何通过倾听来支持她呢?

我建议妈妈采取以下步骤，正向地支持孩子。

- 全神贯注：妈妈与小蕾坐在客厅的沙发上，面对面交流。妈妈主动关掉电视和手机，确保没有其他干扰；用柔和的目光凝视小蕾，展现完全投入的态度。
- 保持沉默：当小蕾开始倾诉时，妈妈静静地坐着，不插话、不打断。即使小蕾停顿了，或有些地方妈妈非常想立即给予建议或解决方案，她也要尊重孩子表达情感的过程，给予足够的时间让小蕾继续表达自己的想法和感受。
- 体现同理心：通过点头、皱眉等肢体语言，妈妈展示了对小蕾情绪的共鸣和理解，表达了愿意倾听和理解的态度，让小蕾感到被接纳和支持。
- 身体语言：妈妈在听到小蕾的困扰时，适时地把椅子向小蕾挪动，身体微微前倾，轻柔地抚摸小蕾的手臂，同时微微皱眉或点头，目光始终聚焦在小蕾身上，进一步传递她的专注和关心，表达理解和支持，以及对小蕾情绪的共鸣。

- 积极反馈：小蕾说完后，妈妈先肯定了她的勇气和诚实，然后用柔和的语气表示理解和支持，分享了一些温和的见解，并提出了一些开放式问题，如“你认为我们能怎样解决这个问题呢”，引导小蕾自己思考可能的解决方案。

心理学研究表明，被倾听可以显著提升个体的自尊心和幸福感。孩子在感觉到父母真正倾听自己时，会增强自身的安全感和归属感。这对他们的情感发展至关重要。

倾听不仅是一种技能，而且是一种让孩子感受到被爱、被尊重和被理解的方式。通过倾听，父母不仅能够更深入地了解孩子的内心世界，还能够帮助孩子学会表达自己，处理复杂的情绪，让孩子健康成长。

（2）表达与分享

在家庭教育中，沟通技巧是构建和谐亲子关系的关键。不幸的是，许多父母在日常生活中无意使用了一些可能伤害孩子自尊心的语言，如“你怎么这么不懂事”“你真烦人”，往往会让孩子感到被否定，甚至推动他们站在父母的对立面。

与孩子沟通时，父母可用简单、清晰、具体的语言表达自己的想法和感受，同时也鼓励孩子分享自己的想法和感受。例如，孩子完成了一项作业，父母可以说：“我非常高兴看到你完成了作业，因为这说明你很负责任。”

（3）尊重与接纳

尊重孩子的意见和选择，即使我们不完全同意。这不仅能增强孩子的自尊心，还能教会他们尊重他人。例如，孩子想穿一套自己搭配的衣服去学校，即使父母认为不太合适，也可以先赞扬他们的独立思考，再适度提出建议。

李瑞瑞是一个活泼好动、有着丰富想象力的小学生，他对服装有着特别的兴趣，喜欢尝试各种不同的搭配风格。有一天，他决定穿一套自己搭配的衣服去学校，但妈妈觉得这套衣服的搭配不太合适。

情景一：不尊重与不接纳

李瑞瑞的妈妈对他的穿着提出了严厉的批评：“你这样穿去学校太难看了，换一套吧！”李瑞瑞听到妈妈的话后很失望，他觉得自己的想法没有被认可，心情沮丧起来。于是，他听话地换上了妈妈挑选的衣服，但内心却充满了抵触。

情景二：尊重与接纳

李瑞瑞的妈妈看到他穿着自己搭配的衣服准备去学校，心里虽然有些不太满意，但她决定先尊重孩子的选择，再适度提出建议。她鼓励道：“瑞瑞，你的这套搭配很有个性啊！你想要表达什么样的风格呢？”李瑞瑞听到妈妈的肯定，脸上顿时洋溢着笑容，他自豪地说：“我想展现自己的个性和独立思考。”妈妈轻轻地笑了笑，说道：“那挺好的，不过要注意天气，记得穿上外套哦。”

尊重与接纳不仅能增强孩子的自尊心，还能培养他们独立思考和解决问题的能力。当孩子感受到父母对他们的尊重和接纳时，他们会更加自信地表达自己的想法，更加勇敢地尝试新事物，从而更好地适应社会的发展和变化。

因此，父母应该在家庭教育中注重尊重与接纳，给予孩子足够的自由和空间，让他们学会独立思考，成为有思想、有责任心的人才。

（4）解决与合作

遇到分歧时，与其单方面指示孩子应该做什么，不如邀请孩子一起寻找解决问题的方法。这样不仅能培养孩子解决问题的能力，还能加深亲子之间的信任和理解。

张女士在家中经常直接对女儿顾美发号施令，结果是女儿经常抗拒和不满。后来，她开始有意识地改变沟通方式。有一次，女儿不想做家庭作业，她没有像以前那样直接命令女儿去做，而是坐下来询问她为什么不想做，并分享了自己对女儿不想做作业的担忧和期望。在交流过程中，张女士了解到女儿是因为不懂作业中的一道题目而感到沮丧。于是，她们一起讨论并解决了这个问题。这次经历不仅解决了当下的问题，也加深了母女之间的理解和信任。

通常，父母与孩子的有效沟通远远超出了简单的语言交流，它需要耐心、理解、尊重和合作。通过实践这些原则，父母不仅可以解决眼前的问题，还能培养孩子的自信、独立和责任感，同时加深与孩子的情感联系。

我深知父母与孩子之间的沟通艺术对于培养健康心理、促进情感交流的重要性。当谈及父母与孩子之间的沟通，就像父母是沉静的“湖水”，而孩子则是一片“涟漪”。父母如何理解和回应孩子的情感，决定了涟漪的大小和形状。

如果父母在与孩子沟通时一直以“我”为中心，总是从“我”的角度出发，用“我”的感受来感受孩子的感受，孩子可能会感到被排斥、被忽视，甚至产生反抗心理。他们会觉得自己的感受不被重视，因而与父母之间的联系变得疏远。

相反，如果父母像一座“桥梁”，倾听孩子的心声，试图站在他们的角度去理解，那么孩子就会感到被尊重和理解，他们会更愿意分享自己的感受和想法，与父母之间的情感联系也会更加紧密。

因此，父母在与孩子沟通时，需要学会放下自己的立场和偏见，换位思考，用心倾听孩子的心声。只有这样，才能建立一种亲密而健康的沟通模式，促进彼此的情感交流，让家庭成为孩子成长的温暖港湾。

行动方案

当下的觉察：以前，你与孩子之间的沟通有效果吗？彼此会很好地倾听和交流互动吗？

下一步行动：接下来，你会如何站在孩子的视角，与孩子进行日常有效沟通呢？请给出 1 ～ 2 个关键行动点。

5大策略让你的亲子沟通更有效

在家庭教育中，父母的语言就像一把双刃剑，既能够激励孩子前行，也可能无意中伤害他们的自尊心。父母的目标是培养孩子成为独立、负责任的个体。在这个过程中，保持耐心、理解和支持至关重要。

家庭中良好的亲子沟通不仅是知识的传授，而且是关于情感的交流和理解。以下让家庭沟通更有效的5大策略值得所有父母关注，分别是表现胜于言辞、关系胜于关心、理解胜于解释、倾听胜于倾诉、共同成长胜于单方面指导。

（1）表现胜于言辞

亲子沟通远远超过了语言的传递，它包含行为表现、肢体语言、语气语调及双方的关系。

李明是一个普通的小学生，他在数学方面并不突出。有一次，他在数学考试中取得了很好的成绩。如果父母简单地说："哇，你这次考得真好，你真聪明！"这样的表扬虽然出发点是好的，但可能不会给李明留下持久的印象，或者让他了解到成功背后的原因。

相反，如果父母不仅给予拥抱和鼓励的眼神，还进一步告诉孩子："李明，妈妈真的很欣赏你这段时间以来的努力。每天放学回家，你都会主动复习数学，即使遇到难题也不放弃，还会主动寻求帮助。这次的好成绩是你努力的结果，你应该为自己感到骄傲。"这样的表扬比简单的"干得好"更能深刻地表达父母的骄傲和支持。

父母既认可了李明的努力，也给了他一个宝贵的经验：通过努力，他能够克服困难，实现目标。通过这样的交流方式和积极反馈，父母能够鼓励孩子在未来遇到困难时依然保持乐观的态度，勇于尝试，持续努力。

（2）关系胜于关心

在孩子的眼中，父母的支持和理解比物质上的关心更重要。

李念是一个活泼可爱的小学生，但他总是拖拉到最后一刻才完成作业。起初，这让李妈妈感到非常焦虑和沮丧，她担心将来李念无法承担更大的责任和挑战。

然而，通过参加多次家庭教育沙龙，李妈妈意识到，其实拖延是许多孩子都会有的行为，而且并不完全是负面的。有时候，孩子可能需要更多的时间处理信息，或者他们可能在寻找完成任务的更好方法。

从心理学的角度看，接受孩子目前的状态，并理解他们在成长过程中会遇到的困难是非常重要的。当我们减轻了自身的焦虑，就能更加耐心和理解地引导孩子，而不是简单地施加压力。

当李妈妈开始改变对李念行为的看法时，整个家庭的氛围也发生了显著的变化。她不再频繁地批评孩子的拖拉，而是开始鼓励他提前规划和分配时间。李妈妈发现，通过积极的引导和支持，孩子在自我管理方面取得了显著的进步。

良好的亲子关系比过度的关心更重要。当家庭环境充满爱和支持时，父母和孩子即使在某些观点上存在分歧，也可以通过平和的交流达成共识。反之，如果亲子关系紧张，即使父母的建议是出于好意，孩子也可能抗拒接受。

（3）理解胜于解释

当孩子遇到问题和困惑时，父母要试图站在孩子的角度去理解他的感受，而不是急于给出成人的解释。

想象一下，当孩子遇到问题或与人发生冲突时，其实他们是在寻求帮助和理解，而不只是期待我们给出一个“正确”的答案。一个真正被理解的孩子会感受到深深的安全感和归属感，这是任何道理和规则都无法替代的。

黎小明放学回家，感到非常疲惫，希望先休息一会儿再写作业。如果父母立刻批评他拖拉，可能会引起他的反感。相反，如果父母表示理解，并提出具体的休息计划，例如："你今天学习了一整天，确实应该休息一下。你可以选择休息20分钟，听听音乐、散散步、吃点水果，然后开始做作业。"父母这样的回应不仅展示对孩子的关心，也给了孩子明确的行动方向。

从心理学的角度看，当孩子感觉到被理解时，他们的大脑会释放出正面的化学物质，如多巴胺，这让他们感觉到快乐和满足。而这种感觉会促进孩子对父母的信任，使他们更愿意接受父母的建议和指导。

作为父母，我们的目标是引导孩子健康成长，成为有责任感、有同理心的人。在这个过程中，我们需要用开放的心态去理解孩子，而不是只强调规则和原则。真正的理解能够跨越一切障碍，建立坚不可摧的亲子关系。通过这样的沟通，我们不仅解决了眼前的问题，更为孩子未来面对挑战铺平了道路。

（4）倾听胜于倾诉

有效的沟通是双向的。当孩子试图表达自己的想法和感受时，父母给予他们充分的倾听和关注比单方面的倾诉更加重要。孩子在青春期经常情绪低落，父母可以选择静静地听孩子说，而不是立刻给出建议，这种耐心的倾听帮助亲子之间建立了更深层次的信任。

方强是一个8岁的男孩，他经常因为分心而忘记做家庭作业。一天，妈妈发现方强又没完成作业，就情绪失控地说："你怎么总是忘记做作业？你太不负责任了！"

后来，妈妈学习了改进沟通的方法，尤其是学习了托马斯·戈登提出的"我－信息"技巧。这种技巧鼓励使用一种更加积极、更有建设性的沟通方式，将注意力从指责转移到表达个人的感受和需要上。

妈妈试着改变了她的沟通方式。

描述行为："方强，我注意到你今天没有完成家庭作业。"

表达感受："这让我感到很担心。"

说明影响："因为我知道如果你不按时完成作业，可能会影响你的睡眠时间。"

最后，妈妈增加了共创团结的语言："我们一起想想有什么办法可以帮助你记得完成家庭作业，好吗？"

从心理学的角度看，"我－信息"技巧之所以有效，是因为它避免了直接批评孩子本人，而客观地描述行为，并表达了父母的感受和具体的影响。这样的沟通方式能够减少孩子的防御性，增加他们的同理心，从而促进更积极的行为改变。

通过将指责性的语言转变为包含"我－信息"的表达方式，父母可以更有效地与孩子沟通，同时保护和促进孩子的自尊心。这种方法不仅能够帮助解决即时的问题，还能教会孩子以一种更加成熟和负责任的方式表达自己的感受和需求。记住，每次沟通都是一个机会，可以加深与孩子的联系，培养他们的情感智力，为他们未来建立良好的人际关系打下坚实的基础。

（5）共同成长胜于单方面指导

父母与孩子是在一起成长的伙伴，通过共同参与家庭活动、决策，可以增进理解、尊重和信任。例如，全家一起制订周末计划，每个人都可以提出建议，最终一起决定。这让孩子不仅感受到被重视，而且学会了负责和合作。想象一下，如果我们不断地对孩子说“你怎么什么都做不好”，或者“你看你又没考好”，这样的话语会逐渐侵蚀孩子的自信心。他们可能会开始相信自己真的不够好，不值得被赞扬。这种消极的自我认知会让孩子退缩不前，害怕尝试新事物，因为他们害怕失败和进一步的批评。

父母的目标是帮助孩子建立正面的自我形象，培养他们解决问题的能力，以及建立面对挑战时的韧性。父母的每一句话都有可能成为孩子心灵中的种子，父母可以和孩子一起播下希望和自信的种子，共同见证孩子茁壮成长的奇迹。

在家庭教育的征途上，我们经常会遇到各种挑战和困惑。有时候，孩子的一些行为让父母焦虑不安，比如他们做事拖拉、成绩不理想或不听话等。这时候，我们要深呼吸，记得提醒自己："我家孩子面临的问题并非独一无二，全国乃至全世界的家长都在面对相似的挑战。"这样一来，我们的心态就能够更加平和，焦虑也会随之减轻。

行动方案

当下的觉察：以前，在你和孩子的沟通过程中，有哪些让孩子反感或自己无力的时刻？那时候，你的亲子沟通出现了什么障碍？

下一步行动：为了你和孩子之间建立更有效的沟通模式，你会采用哪几个策略呢？请列出 1 ~ 2 个你的可行性亲子沟通策略。

父母和老师建立高效家校沟通的 9 个原则

在快节奏、高压力的时代，家庭教育的重要性日益凸显。父母经常面对各种挑战，尤其是当孩子在学校遇到问题时，如何与老师高效沟通成了一个难题。有些父母担心沟通不当会影响孩子在学校的处境。但实际上，建立良好的家校合作关系是帮助孩子成长和学习的关键。

想象一下，如果你是一位老师，每天面对数十名学生，每个孩子都有自己独特的性格和需求。这时，一位家长带着理解和支持的态度来找你沟通，想必你会感到非常欣慰。这种以人性化的视角，带着同理心的交流，正是家校合作的起点。

我家老二是一个活泼、好动的孩子，她在课堂上经常分心，导致成绩不佳。刚开始，我很担心直接与老师沟通可能引起误会。然而，经过深思熟虑，我决定采取一种更有建设性的方式解决问题。

我给老师发了一个微信，表达了对老师工作的尊重和感激，并简要说明了自己对孩子近期学习情况的担忧，同时提出希望能有机会与老师面谈，共同探讨如何帮助孩子改善学习状态。

在与老师的会面中，我充分展现了开放和合作的态度，听取了老师对孩子在校表现的观察，并分享了孩子在家的一些行为特点。我们双方一起探讨了可能的解决策略，最终一致决定给孩子制订一个详细的个性化学习计划，并定期检查进度。

几个月后，孩子的成绩和注意力都有了明显的提升。更重要的是，孩子感到自己被关注和支持，极大地增强了自信心和学习动力。

从心理学的角度看，良好的家校合作关系能够给孩子提供安全、支持的环境，这对孩子的自我认知和社会适应能力发展至关重要。当孩子感受到父母和老师之间的积极互动时，他们更容易形成积极的学习态度，培养解决问题的能力。

父母需要认识到，与孩子的老师建立真诚、支持的关系，不仅能帮助解决当前的问题，而且能为孩子的长远发展奠定坚实的基础。作为专业的家庭教育工作者，我总结了以下 9 个原则，帮助父母和老师建立良好的沟通。

（1）尊重老师，从孩子的准时出勤开始

小华是一个 7 岁的孩子，由于父母工作繁忙，他一周大约迟到 4 次。每次走进教室时，他都显得尴尬和羞愧。但是，小华的父母在一次家长会上意识到这一点后决定调整自己的时间表，确保小华能够按时到校。为了实现这个目标，小华的父母改变

了自己的日程安排，每天早起并准备好一切，以确保能够及时送小华去学校。

父母认识到准时到校不仅是一个简单的习惯，而且是对老师和学校的尊重，也是培养孩子守时性格的重要一步。

几周后，小华的变化让周围的人都感到惊喜，他走进教室时不再带着尴尬的表情，而是变得更加自信和开朗。小华的老师也注意到这个积极的变化，她对小华的父母表示了感谢。

尊重老师是从孩子准时上学这个细节开始的。小华的父母通过调整自己的时间表和培养孩子的守时习惯，展现了他们对教育的重视和尊重。父母的这种关注和努力不仅让小华变得更加自信和开朗，也让他的老师感到鼓舞。

（2）积极参与学校活动

例如，有些学校在每周五下午都会举行社区服务活动，志愿者会在放学时间帮助孩子们安全过马路。如果你是一名积极参与学校活动的家长，在时间允许的情况下，每周五你都可以到学校门口担任志愿者，帮助孩子们过马路。我的案主李女士就是每周五下午4点开始在学校门口设置临时的过马路安全区域，并穿上制服、戴上标识。当学校的放学铃声响起时，她会迅速走到斑马线旁边，用手持停车牌指挥交通，确保孩子们安全地过马路。

除了过马路，李女士还会和其他志愿者一起为孩子们提供交通安全教育，包括如何安全通过斑马线、如何观察车辆等。她还会和孩子们互动交流，提醒他们在过马路时保持警惕和注意安全。通过这个活动，李女士不仅更好地了解了自家孩子在学校的表现，还向孩子展示了父母对学校教育活动的重视。她的积极参与也为学校和社区的交通安全工作做出了贡献。这种参与的精神不仅拉近了父母和学校的距离，也为孩子树立了榜样。

（3）定期与老师沟通

父母不要仅在孩子出现问题时才联系老师，定期的沟通可以帮助父母及时了解孩子的学习情况和行为发展。

王女士非常重视与老师的定期沟通。每个月，她都会安排一次与孩子班主任的面谈，以了解孩子在学校的学习情况和行为发展。这种定期的沟通帮助她及时了解孩子的状况，也让她更好地支持并引导孩子的成长。

在每次面谈时，王女士都会准备好问题清单，包括关于孩子的学习表现、社交互动、兴趣爱好等方面的询问。她会耐心倾听老师的反馈和建议，同时也分享自己对孩子在家表现的观察和感受。通过这种沟通，王女士不仅及时了解到孩子在学校的具体表现，还与老师建立了良好的合作关系。

除了面谈，王女士还会利用其他沟通渠道，如微信或电话，与老师保持联系。如果有什么重要的事情发生，她会及时与老师沟通，共同商讨解决方案。这种积极的沟通方式让王女士始终保持对孩子学习和成长的关注，也让她和老师之间建立了互信的关系。

同时，这种紧密的家校合作关系也促进了孩子的全面发展，让孩子在学习和生活中都能得到更多帮助和关怀。

（4）以合作的态度接近老师

当发生问题或担忧时，父母应以合作而非指责的态度与老师交流，共同寻找解决方案。

张先生在某次家长会时发现孩子在数学课上出现了一些困难，他担心影响孩子的学习，就在家长会后特意留下来，与孩子的数学老师进行了一次私下的沟通。他首先表达了对老师的尊重和感谢，然后以开放的心态分享了自己对孩子学习的观察，以及对所遇到困难的担忧，并希望能够与老师合作，共同找到帮助孩子的方法。

在对话中，张先生不断强调他理解老师的工作压力，同时也坦诚地表达了自己对孩子学习的期望和关切。他还邀请老师分享对孩子学习情况的看法，以及他们能够共同采取的措施。通过这样的交流，张先生与老师建立了信任和合作的基础。

在接下来的日子里，张先生和孩子的数学老师保持了密切的联系，共同关注孩子的学习情况。他们共同商讨了一些针对孩子的个性化学习计划，并积极落实这些计划。最终，孩子在数学课上的表现有了明显的改善。这都得益于张先生以合作的态度接近老师，并与老师共同努力找到了解决问题的方法。

父母以合作的态度接近老师，对于解决孩子的学习问题至关重要，能够为孩子的成长提供更有力的支持和帮助。

（5）鼓励孩子自主学习

李女士非常注重培养孩子的自主学习能力。为了让孩子更加独立和自主地学习，李女士采取了一系列措施，不仅有利于孩子的个人发展，而且能减轻老师的负担。

首先，李女士鼓励孩子在每天的学习中自己制订学习计划和目标。她会提前和孩子一起讨论，帮助孩子设定合理的学习目标，并鼓励孩子根据自己的兴趣和学习风格安排学习时间和任务。这种做法让孩子逐渐建立了学习的自觉性和责任感，能够更好地管理自己的学习时间和进度。

其次，李女士提倡孩子在遇到问题时先尝试自己解决，自己解决不了时再向老师及周围的人请教。她会鼓励孩子积极寻找各种资源，如图书、互联网等，解决自己的问题。通过这样的方式，不仅让孩子学会了自主思考和解决问题的能力，还减轻了老师在日常教学中的指导压力。

李女士也会给孩子提供一些自主学习的机会和项目，例如，让孩子选择自己感兴趣的课外阅读、科学实验或艺术创作等课程。在这些课程中，孩子可以根据自己的兴趣或风格进行学习探索，培养自己的自主学习能力和创造力。

通过这样的自主学习培养，孩子不仅在学习上取得了很好的成绩，还在思维和解决问题的能力上有所提升。同时，孩子也会减轻老师在日常教学中的负担，因为他们已经能够独立思考和解决问题，不需要老师过多地指导和干预。

总之，通过父母和学校的共同努力，培养孩子的自主学习能力，不仅有利于孩子的个人发展，也能够减轻老师的负担，促进教育资源的更好利用，将为孩子的未来发展奠定坚实的基础。

（6）理解老师的挑战和压力

父母在平时可以主动与老师沟通，询问有关孩子学习情况、行为表现及班级管理等方面的信息，以便更好地了解整个班级的情况。通过这样的了解，父母能够更加全面地考虑老师面临的挑战和压力。

父母还可以积极参与学校的家长志愿者工作，协助老师完成一些日常事务或组织活动；多正向鼓励其他家长一起参与到学校的事务中，共同分担老师的工作压力。这种支持和帮助能够让老师感受到家长的支持，并减轻他们的负担。

通过理解老师的挑战和压力，父母能够更加合理地设定期望，并与老师密切合作，共同讨论、制订适合孩子的个性化学习计划和目标。这样的合作关系能够帮助孩子在学校和家庭之间建立更加紧密的联系，促进他们的学习和发展。这样的态度能够让老师感受到被认可和支持，从而建立积极的合作关系。

（7）积极反馈

当老师一直致力于激发学生的学习兴趣和提升学生的学习成绩时，父母可以定期与老师沟通，表达对老师的尊重和感谢。无论是在家长会上，还是在日常交流中，都能表达对老师辛勤工作的认可。这样的积极反馈让老师感受到被支持，增强了老师对工作的热情和动力。

同时，父母注意观察老师的教学特点和取得的成就，并及时给予正面反馈。例如，当老师采用新的教学方法取得了良好的效果，或者在班级管理中展现了出色的能力时，父母可以立即向老师表达肯定和赞扬。这样的反馈不仅让老师感受到了鼓励，也让老师对自己的工作更有信心。

此外，孩子的父母还会与老师共同探讨如何更好地支持孩子的学习和成长。他们会针对孩子的学习情况、家庭教育和学校教学方面进行深入的沟通和交流，共同探讨解决方案，并给予老师一些建设性的意见和建议。这样的合作能让老师感到自己获得了父母的支持和尊重，从而更加积极地投入工作中。

通过积极反馈，父母与老师建立了良好的合作关系。他们共同关注孩子的成长，并为孩子提供良好的学习环境。老师也因为得到了肯定和鼓励，而更加努力地投入工作中，为孩子提供更优质的教育服务。

（8）尊重老师的专业判断

例如，小学三年级的班主任李老师在教学上非常注重学生的个性化发展。孩子的父母在每次与李老师交流时，都会表现出对李老师丰富的教学经验和专业知识的尊重，并明确表达愿意尊重老师的专业判断。

同时，孩子的父母还会提出建设性的意见和建议。例如，他们发现孩子在某些科目上遇到困难或者需要更多挑战时，就会与李老师进行沟通，并针对孩子的学习特点和兴趣制订个性化的学习计划，或者为孩子提供额外的学习资源等。这些建议都是基于对李老师教育专业知识和经验的尊重，并且是为了更好地满足孩子的学习需求。

孩子的父母也会与李老师针对学校教学和学生发展方面进行深入的讨论，分享自己的看法和经验，同时也倾听李老师的意见和建议。在交流中，他们始终保持着尊重和理解的态度，尊重老师的专业判断，同时也在合作中共同探讨最佳解决方案。

通过尊重老师的专业判断并提出建设性的意见和建议，孩子的父母与李老师建立了良好的合作关系。在相互尊重的基础上，他们共同关注孩子的学习和成长，为孩子提供了良好的学习环境。

（9）共同设定目标

例如，小学五年级的王老师一直致力于激发学生的语文学习兴趣和提升教学质量。孩子的父母会积极与王老师沟通，共同商讨孩子的学习情况和未来的学习目标。他们会针对孩子当前的学习状态、学科特长和薄弱之处进行深入的交流，了解孩子的需求和老师的期望，从而共同制定符合孩子实际情况的学习目标。这样既能够激励孩子努力学习，又能够考虑到孩子的个性化发展需求。

孩子的父母还会与王老师定期进行学习目标的评估和调整。他们会不断关注孩子的学习进展，及时与老师进行沟通和交流，针对孩子的学习情况和成长需要及时调整学习目标和制订学习计划，以确保孩子在学习上能够得到有效的指导和支持。

通过共同设定学习目标，孩子的父母与老师建立了良好的家校合作关系。他们共同关注孩子的学习和成长，为孩子提供了积极向上的学习环境。而且，父母与老师共同为孩子设定短期和长期的学习目标，可以在孩子的教育上保持一致性。

行动方案

当下的觉察：请觉察自己以前与老师沟通的方式是否让老师感受到尊重与认可？是否能与老师高品质沟通，及时解决问题？

下一步行动：为了更高效地促进家庭与学校的合作，共同支持孩子学习与成长，接下来你会如何与老师保持高效沟通？请列出 1 ～ 2 个家校高效沟通的原则。

第6章

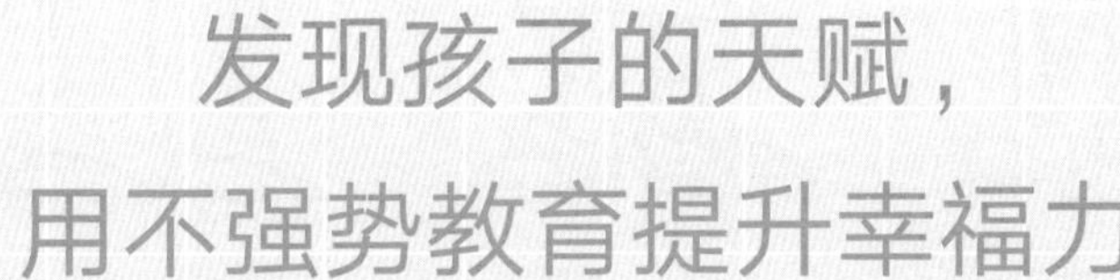

发现孩子的天赋，用不强势教育提升幸福力

让孩子追随自己的天赋和兴趣。

每个孩子都有属于自己的天赋

在这个多姿多彩的世界里，每个孩子都像一颗等待破土而出的“种子”，他们在各自的“土壤”中默默地积蓄力量。有的孩子如同参天大树，枝繁叶茂；有的则如青葱绿草，生机勃勃。这些“种子”种类繁多，结出的“果实”也各有千秋。每个孩子的内心深处都蕴藏着一份独特的天赋，只待父母细心挖掘和耐心培育，就能绽放耀眼的光芒。天赋不是某个人才有的特权，而是每个人都有的特质。要发现并培养这些天赋，父母就需要用心观察、用爱引导、用无条件的支持去滋养。这样做不仅能帮助孩子找到他们真正热爱的事物，还能激发他们实现自我价值和幸福生活的无限可能。

当你的孩子在某个领域展现惊人的才能时，他们似乎只需花很少的时间，便能达到其他人刻意练习很久才能达到的成就。这时，父母要做的就是细心地观察和支持，而不是急于批评或质疑。因为这正是孩子天赋的体现，他们在这个领域可能已经非常精通，短时间就能达到别人长时间才能企及的效果。

然而，现实中有一些父母可能会因为孩子在某项技能上不让人满意的表现而感到焦虑和担忧。例如，孩子每天只练习古筝一二十分钟，父母可能会觉得孩子不认真练习，甚至担心孩子是不是懒惰。但实际上可能是孩子在这方面有特殊的天赋和优势，他能在短时间内达到非常高的水平。父母可以为这类孩子感到骄傲，并继续鼓励孩子保持对这项技能的兴趣和爱好。

我大女儿的学习成绩并不突出，在学校总是默默无闻。最初，我也有点担心她将来进入这个充满挑战的社会时会找不到自己的位置。但是，我通过使用一些科学的工具（如指纹大脑报告书）测试她的天赋特质，再加上平时细心的观察，慢慢发现她对音乐和语言非常敏感，充满了兴趣，甚至还有点天赋。因此，我决定鼓励她学习音乐和主持。出乎意料的是不到半年时间，她的自信心就开始增长，学习外语和方言的速度飞快，语音、语调也相当准确。她还主持了2023年广东少儿春节联欢晚会，表现得越来越自信。而且，她逐渐学会了自我激励，不再需要我们的催促，就能够自己做好规划，展现自己的光芒。因为有了这份自信，她的各科学习成绩居然也被提升了。

每个孩子都是独一无二的，都有自己的潜能和特长等着被发现和挖掘。父母的任务不仅是把孩子送进学校，而且要帮助孩子找到自己的兴趣所在，引导他们探索自己的潜能。在当前的教育体系中，完全的因材施教确实有点难，这就需要父母积极参与，给孩子更多的支持和引导。

真正的教育不能只看学术成绩，还应该关注孩子的个性成长和兴趣爱好。孩子找到自己的兴趣和特长后，对生活的态度也会更加积极和乐观。他们会感受到自己的使命，更容易在学习和生活中找到真正的快乐和满足感。

因此，父母更应该细心观察和了解自己的孩子，鼓励他们尝试不同的活动，及时发现他们的特长并加以长期的支持。通过这样的方式，父母不仅能帮助孩子建立自信，还能帮助他们找到属于自己的幸福人生道路，让他们的生活因为发现自己的独特天赋而更加丰富多彩。

◆ 天赋的真谛

每个孩子都拥有独特的天赋。然而，我们面临的挑战在于，学校教育对天赋的理解往往过于狭窄。大多数时候，学校对学生的评价标准都集中在学习上，尤其是语文、数学和英语等学科。这种做法很难全面反映孩子的所有天赋，因为虽然孩子的学习能力重要，但并不代表天赋。如果我们只关注这些有限的能力，我们的文化就会变得单调乏味，其他多样的才能也会被忽视。

我们团队的张老师曾经也是一个在学校里成绩平平的学生，却从小就对机械组装和拆解展现了超乎寻常的兴趣和才能。她的父母敏锐地发现了这一点，并鼓励她探索更多关于机械的知识。几年后，张老师不仅成了一名出色的工程师，而且成了一位职业高校的老师。现在的她每天生活在自己的热爱中，非常喜悦和幸福。

作为父母，我们的首要任务是深入了解自己的孩子，发掘他们独有的天赋和兴趣。这意味着我们需要打破传统教育的限制，为孩子提供更多学习和探索的机会。当父母能支持孩子追求自己真正感兴趣的事物时，父母不仅能帮助他们找到实现自我价值的多种途径，也为他们的未来开辟了一条更加广阔和多彩的道路。

每个孩子都是独一无二的，蕴藏着无限的可能性。父母的责任是帮助他们，让他们的才华在这个世界发光发热。我们的文化就像一片璀璨的“星河”，每颗星星都承载着一个人的独特才华和兴趣。正是这些不同的星星使我们的世界变得如此丰富多彩。如果我们的世界只有少数几种职业，那么生活就会显得非常单调。幸运的是，我们的社会充满了各种职业机会，从艺术到科学，从商业到政治，每个领域都有无数的技能和成就等着我们去探索。

◆ 了解孩子先天的多元智能

哈佛大学的心理学教授霍华德·加德纳（Howard Gardner）曾提出一个非常有趣且深刻的理论——多元智能理论。他告诉我们，智能不仅是我们在学术考试中取得高分的能力，而且包括许多不同的方面。根据加德纳的观点，智能可以分为 8 种不同的类型，每一种类型都代表了人类潜能的一个独特面向。

（1）人际智能

这种智能体现在与他人互动的能力，包括对他人的情绪、感受、性格和动机的敏感度，以及做出适当反应的能力。教师、心理咨询师、行政主管和政治领导者等往往在人际智能方面表现出色。

（2）内省智能

这种智能体现在个体认识、洞察和反省自身的能力。那些性格内向、谨慎的孩子就可能因为拥有强大的内省智能而深刻地思考和感受周围的世界。

（3）数理逻辑智能

这种智能体现在对事物之间的类比、因果逻辑关系的敏感性，以及通过数学和逻辑推理的思维能力。数学家、工程师、程序员和科研人员等在这方面通常表现出色。

（4）空间智能

拥有这种智能的人对线条、结构、色彩和空间关系具有特别的敏感性，他们能够通过绘画、雕塑、建筑、航海或机械设计等职业展现自己对空间的理解和表达能力。例如，孩子从小就对乐高积木情有独钟，他们不仅能耐心搭建复杂的模型，甚至还能比同龄孩子更加细致地完成任务。这可不是简单的玩耍，而是他们对空间及结构有着天生的理解和热爱。如果孩子的父母能够意识到这一点，并鼓励他们继续探索这种兴趣，那么他们可能就会朝着成为建筑师的目标迈出重要的第一步。

（5）身体运动智能

这种智能让人们能够精确控制自己的身体，用身体语言表达自己的思想和情感。外科医生、运动员、舞蹈家等往往需要强大的身体运动智能。然而，孩子的潜能有时也可能通过看似问题的行为表现出来。例如，那些总是坐不住、爱动的孩子可能被误解为多动症。但实际上，这可能只是因为身体运动智能较强，未来可能会成为舞蹈家或体操选手。

（6）音乐智能

这种智能体现在人们对节奏、韵律和音色的敏感度，通过

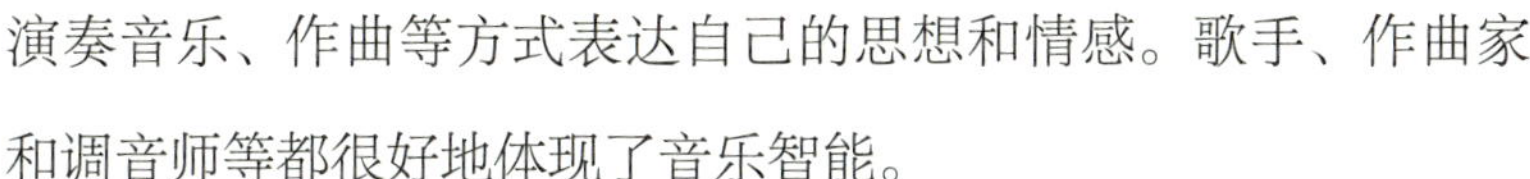

演奏音乐、作曲等方式表达自己的思想和情感。歌手、作曲家和调音师等都很好地体现了音乐智能。

（7）语言智能

这种智能体现在对文字意义、词序、声音变化和节奏的敏感性，能用语言描述事件、表达思想。记者、节目主持人、诗人和作家等通常都具备较强的语言智能。

（8）自然认知智能

这种智能体现在对植物、动物的欣赏和理解，能观察自然界中的各种形态，辨别不同生物种类之间的关系。具备这种智能的人才可能充满了旅游热情，或者喜爱极限运动。园丁、厨师、植物学家、生态学家、景观或庭园设计师等通常在这方面表现出色。

加德纳的多元智能理论不仅为我们提供了一个全面认识智能的视角，也为教育和社会发展提供了新的思路。它鼓励我们根据每个人的不同特点，发现并培养最适合他们的发展道路。通过这种方式，我们可以更好地理解和尊重每个人的独特性，促进个人的全面发展。

父母的责任是用开放和多元化的视角看待孩子的行为。父母可以通过观察孩子在日常生活中的细微表现，并提供必要的支持和资源，帮助他们探索自己的兴趣和潜力。这意味着要给予孩子自由探索的空间，通过观察、提供多样化的体验、耐心倾听他们的想法、鼓励追求梦想等方法，引导孩子发现自己的特长并培养自己的兴趣爱好。

发现和培养孩子的兴趣爱好是一个长期且细致的过程，也是为孩子的幸福未来铺设一条充满可能性的道路。父母可以记住，从真正的爱好、兴趣到志趣，我们都能够找到孩子的天赋优势，其背后都藏着孩子未来的幸福人生道路。

行动方案

当下的觉察：以前，你是更关注孩子的学习成绩分数，还是更关注孩子真正的兴趣、爱好和天赋特质？

下一步行动：为了成就孩子的幸福人生，接下来你可以耐心地陪伴孩子找到自己内心的热爱和真正的天赋吗？请给出1～2个行动方案，助力孩子能在自己的天赋赛道上刻意练习，拿到成果，拿回自信。

孩子的坚韧性品质与幸福力

每个家庭都希望自己的孩子能够脱颖而出，拥有幸福而充实的未来。但是，真正决定孩子未来成就的，不仅是学校教育中获得的知识，而且是家庭教育中培养的品质和能力。

学校教育就像为孩子打下的一片广阔的基础土壤，而家庭教育则是精心挑选的、营养丰富的种子。没有好的种子，再肥沃的土壤也难以孕育出繁茂的树林。

小林是一个非常聪明的孩子，他在学校的成绩总是名列前茅。但是，小林的父母很少有时间陪伴他。他们认为只要送小林去最好的学校，参加最好的补习班，小林就能够成功。然而，小林在成长的路上越来越感到迷茫和不安，他不知道自己真正喜欢什么，也不知道自己想要成为什么样的人。

孩子仅仅依靠学校教育是不够的，他们还需要父母的指引和支持，才能发现自己的兴趣和激情，找到自己的方向。父母是孩子的第一个老师，父母的言行举止都会深深影响孩子。如果父母总以有限的视角评判孩子的未来，用过时的观念限制孩子的想象力，那么父母可能无意中扼杀了孩子的天赋潜能。

我们常说，教育是为了未来，但未来需要的是什么样的人才？显然，仅仅拥有高学历并不能保证孩子拥有竞争力。社会需要的是能够合作、创新、沟通和批判性思考的人才，而这些能力正是学校教育中缺乏的。

父母有责任和义务通过家庭教育来弥补这一不足。父母需要鼓励孩子探索自己的兴趣和激情，培养他们的创新意识和批判性思维，帮助他们学会与他人合作和沟通。只有这样，孩子才能在未来的世界中站稳脚跟，拥有真正的竞争力。家庭教育不是可以外包的任务，它需要父母的参与和努力，为孩子的未来打下坚实的基础。

在探索孩子成长和成功的道路上，很多父母经常会问：我们应该首先关注什么？答案可能会让你惊讶，那就是培养孩子的坚韧性品质。

有研究显示，一个人在未来能否取得成功，与他是否具备坚韧性品质有着密切的联系。更重要的是这种品质在当前的社会环境中显得尤为珍贵，尤其是对于“90后”“00后”这些在相对优渥的环境中成长起来的年轻一代。

我们的孩子生活在和平而繁荣的时代，他们几乎不需要担心基本的生活需求；虽然存在学业压力，但真正的生活挑战却相对较少。这种环境虽然为孩子提供了舒适的成长空间，但同时也意味着他们在成长过程中遇到的挫折和困难要少得多。结果就是当面临挑战时，他们可能更容易感到沮丧和选择放弃。

小李是一个非常聪明的孩子，但他从小就很少经历失败。每当遇到稍微有些难度的问题时，他就会感到焦虑，甚至不愿意继续尝试。这让他的父母非常担忧，因为他们知道，无论是学习，还是未来的工作，都充满了各种挑战和困难。他们意识到，如果小李没有足够的坚韧性，他将很难在未来取得成功。

因此，培养孩子的坚韧性品质成了父母的首要任务。但是，如何做到这一点呢？

第一，通过言行树立榜样。

- 方法：父母在面对困难时可以选择积极的态度，并向孩子展示解决问题的方法。例如，父母可以和孩子分享自己克服困难的经历，以及如何从挫折中重新振作起来。
- 案例：父母在工作中遇到挑战时，可以与孩子分享自己的思考过程和解决方案，让孩子明白困难并不可怕，而是可以通过努力和智慧来克服的。

第二，鼓励孩子走出舒适区。

- 方法：父母可以鼓励孩子参加新的活动或尝试新的技能，让他们学会面对未知和不确定性。即使失败了，父母也要给予支持和肯定，鼓励孩子继续努力。
- 案例：孩子想学习弹钢琴，父母可以鼓励他们报名音乐班，并在练习过程中不断鼓励他们，让他们知道失败并不可怕。

第三，教会孩子设定目标和实现目标。

- 方法：父母可以和孩子一起树立短期和长期目标，并教导他们制订可行的计划实现这些目标。同时，父母要给予孩子适当的自主权和支持，让他们在实现目标的过程中体会成就感。
- 案例：孩子想要提高数学成绩，父母可以和孩子一起制订每天复习一定时间的计划，并在孩子坚持下来后及时表扬和奖励他们，让他们知道努力是有回报的。

通过这样的方法，父母不仅可以帮助孩子培养坚韧性品质，而且可以为他们的未来成功打下坚实的基础。记住，坚韧性不仅是一种品质，而且是通往成功之路的必备条件。

为什么我们要关注并培养孩子的坚韧性品质呢？实际上，坚韧不仅是中华五千年文明的宝贵遗产，也是成功的重要因素之一。从古至今，无数的文化典籍和历史故事中都赞颂了坚韧的价值。无论是“天行健，君子以自强不息”，还是“宝剑锋从磨砺出，梅花香自苦寒来”，这些经典语录都在告诉我们：只有通过不懈的努力和自我挑战，才能够磨砺出真正的坚强和美好。

近年来的心理学研究进一步证实了坚韧性品质的重要性。达克沃斯博士的研究指出，具有坚韧性品质的人更有可能取得成功。她认为，坚韧能够促使人们持续努力，最终将天赋转化为技能，进而转化为成就。此外，在诸如销售、特种部队、医疗和教育等高压力、高挑战的职业中，拥有高度坚韧性的个体更能够坚持到底，不轻易放弃。更重要的是，相对于智商，坚韧性是一个更准确的学业成绩预测指标。与尝试提高智商相比，培养坚韧性品质的过程更具有实践意义，也更加科学。

◆ 如何有效地培养孩子的坚韧性品质

如何有效地培养孩子的坚韧性品质呢？父母可从以下方面入手。

第一，与孩子一起设定具有挑战性的目标。父母与孩子一起设定一些实际可行但又需要付出努力才能达成的目标，可以帮助他们学习如何规划、坚持并最终实现目标。

第二，鼓励孩子勇于面对失败。向孩子展示失败是成功之母，是成长的必经之路。当孩子遇到挫折时，父母要鼓励他们从失败中学习，而不是放弃。

第三，以身作则，成为榜样。孩子往往会模仿大人的行为。因此，父母通过自己的言行展示坚韧的态度，如面对困难时的冷静处理和不放弃的精神，可以极大地影响孩子。

第四，赞美过程，而非结果。赞美孩子为达成目标所付出的努力，而不仅仅是最终的成功，将帮助他们认识到坚持不懈的价值。

通过这些方法，父母不仅能帮助孩子形成坚韧的品格，而且能为他们的未来开启无限可能。

倩倩读小学四年级时，在生活中似乎总是回避困难。面对问题，她可能会哭泣，做事拖拖拉拉，只有在妈妈的催促下才会行动，而且对自己做的事情提不起兴趣。从幼儿园开始，倩倩就学习钢琴，但她觉得枯燥乏味，总想放弃。后来，她在学习中遇到难题时经常选择放弃，与同学发生矛盾也只知道回避。

深入了解后，我发现倩倩的问题根源在于她从小几乎没有自主探索的机会，每个周末都被各种课外班填满，放学后也有额外的学习任务。家人总是帮她安排好一切，甚至在她尝试做一些家务时也会干预过多。这种环境让倩倩缺乏自信，不相信自己有解决问题的能力。

于是，我建议倩倩妈妈减少课外班的数量，给倩倩更多时间探索自己真正感兴趣的事物。结果是令人惊喜的，倩倩在小区里与小伙伴们玩耍时，竟然发现了对足球的热爱。倩倩妈妈支持她的新兴趣，为她购买了足球装备，并且报名参加了足球培训班。通过每天坚持练习，倩倩不仅身体变得更加强健，而且抗挫折能力得到了提升，性格更加开朗，与父母、老师、同学的关系也变得更加融洽。

这个案例表明，让孩子有机会自主探索，找到自己的兴趣和激情，是培养坚韧性品质的重要一环。兴趣可以转化为动力，激发孩子挑战困难的勇气。父母的作用是提供支持和鼓励，而不是替孩子做出所有决定。给孩子一些空间，让他们自己去发现、去尝试、去克服困难，这样的成长过程将使他们变得更加坚韧不拔。

◆ 培养坚韧性品质的4大基石

我也深知父母在培养孩子坚韧性品质时面临的挑战与困惑。坚韧性如同灯塔指引我们朝着梦想前进，而其核心元素——激情、成长性思维、坚持、目标构成了这座灯塔的4个基石。

（1）寻找内在的激情

激情并非从天而降，它需要我们主动探索和培养。正如种子需要适当的土壤和水分才能生根发芽，激情也需要恰当的环境和机会才能被发现和培养。让我们回顾倩倩的故事。她的生活原本被各式各样的课外班填满，直到她的父母给予她自由探索的空间，她才发现了自己对足球的热爱。

父母不要只根据自己的期望为孩子选择活动，还应该提供宽松的环境，让孩子有机会接触到多样的兴趣领域。这就像倩倩妈妈最终做的那样，给予倩倩时间和空间发现自己真正喜欢的事物。

当孩子表现出对某件事的好奇时，父母应鼓励他们尝试，哪怕这次尝试最终没有变成持久的爱好。总之，每一次尝试都是对自我了解的深化。

发现激情后，下一步是通过刻意练习来培养这份激情。就像倩倩一样，当她发现自己对足球的热爱后，她的父母不仅支持她参加足球培训班，还在日常生活中为她创造练习的机会，如观看足球比赛、一起踢球等。

同时，为孩子的兴趣设定目标，并帮助他们理解追求这个兴趣的深层意义，还可以增强他们坚持的动力。例如，倩倩通过足球学习到的团队合作和坚持不懈的精神，不仅是踢球技能的提升，更是一种人生的财富。

（2）培养孩子的成长性思维至关重要

有句名言：“那些杀不死我的使我更强大。”但并不是每个人都会因此变得更强大，有些人可能会变得更脆弱。在坚持的过程中，拥有成长性思维是成长的前提。成长性思维是相信成功来自努力和奋斗，并且把困难和失败视为成长的机会。孩子在面对挑战时可以寻求新知识，拓宽新技能，而不是回避挑战。

那么，如何培养孩子的成长性思维呢？其实很简单，当孩子遇到挫折时，父母可以改变他们说话的方式，用积极的语言培养他们的成长性思维。

当孩子犯错时，他们可能会说："我犯错了。"父母可以让他们换一种说法，例如："犯错可以让我变得更好，因为我知道这样做是错的。"

或者孩子面临挑战时可能会说："我做不好，我做不到。"父母可以让他们换一种说法，例如："现在做不好没关系，通过不断挑战和学习，我的能力会变得越来越强。"

孩子想要放弃时可能会说："我的能力不够，我要放弃了。"父母可以换一种说法，例如："方法总比问题多，我们可以寻找其他方法。"

除了培养孩子的成长性思维，还有一些父母的行为可能不利于培养孩子的品质。

很多父母忽视孩子的受挫感。例如，一个一年级的小朋友在解扣子时因为手指的精细动作控制能力不够，差一点就能穿过扣眼，但是失败了。这时他可能会生气大哭，而父母看到这种情况会批评他，说一点小事都做不好，以后怎么面对大风大浪呢？

父母的情感忽视会给孩子带来负面影响。对于孩子来说，任何小事的失败都可能成为挫折，让他们产生强烈的受挫感。面对这种情况，父母应该接受并安抚孩子的情绪，告诉他们遇到这样的事情确实会很难受，自己小时候也曾经有同样的经历，但是后来经过努力尝试，发现自己解扣子的速度慢慢变快了。

有些父母会刻意制造挫折。例如，有些父母认为孩子不应该被宠坏，要每天锻炼 2 小时，即使孩子生病了也不能停下来。还有些父母故意让孩子吃苦，认为那是一种挫折。这些做法都是不可取的，因为忽视了孩子的年龄和心智发展，盲目地制造挫折，并不会让孩子变得更强大，反而可能导致心理创伤，使孩子过度恐惧困难，产生焦虑和逃避行为。

总之，父母可以根据孩子的年龄和兴趣引导他们自主选择，并有意识地让他们进行练习。这样能够帮助他们培养成长性思维，从而更好地面对挑战和困难。

（3）通过实践活动鼓励孩子感受到坚持的力量

面对初学者的迷茫和不确定，父母的支持和鼓励变得尤为重要。

有一次，倩倩在足球训练中感到疲惫，甚至想要放弃。这时，她的父母就在旁边轻声说道：“看到你如此努力，我们真的很骄傲。”这句简单的话如同一股温暖的春风，不仅给了倩倩前行的动力，也让她感受到了家庭的支持与爱。在随后的学校足球比赛中，倩倩凭借平日的刻苦训练，大放异彩。这种成功的体验让她更加热爱努力完成一件事的感觉。

接下来，我们要探讨的是刻意练习的重要性。正如我们常说的："天赋乘以努力等于技能，技能乘以努力等于成就。"即使天生的才华，如果没有经过刻意练习，也难以开花结果。每一个在台上闪耀的人，都有无数次在幕后的刻苦训练。

对于倩倩而言，坚持每天的足球训练，虽然重复且辛苦，却让她的技艺越发熟练和专业。这种通过刻意练习获得的进步，最终让足球成为她生活中的一部分，也成为她快乐的源泉。

从心理学的角度看，倩倩的故事展示了正向反馈和自我效能感在孩子成长过程中的重要作用。正向反馈，如父母的鼓励，可以增强孩子的动力，让他们在遇到挑战时更有韧性。而自我效能感则是指个体对自己完成某项任务的能力的信念。成功的经历，如倩倩在足球比赛中的表现，可以显著提高自我效能感，进而促进更多的努力和坚持。

父母的任务是通过提供支持、鼓励和适当的挑战，帮助孩子发现自己的激情，坚持刻意练习，并在这个过程中找到成功的喜悦。这样，父母不仅帮助孩子培养了一项技能，而且教会了他们如何面对生活中的挑战。

在家庭教育的征途上，美国心理学家罗斯提出了一个精彩的建议，他鼓励父母制定一套方法来促进孩子的刻意练习。这个方法不仅简单易行，而且充满智慧，能帮助孩子在面对挑战时培养坚韧不拔的品质。

这个方法就是制定挑战性任务。

首先，罗斯建议让孩子每天都尝试一些具有一定难度的任务，并且是孩子经过思考后自行选择的。这样做的目的是让孩子学会自主决策和承担责任。例如，父母可以跟孩子说：“不管你做得怎样，重要的是你尽了最大的努力。”同时，父母分享自己在工作中遇到的困难及如何努力应对的故事也是非常有益的。这不仅能够增进亲子间的沟通，还能给孩子树立积极面对困难的榜样。

其次，当孩子遇到挫折想要放弃时，罗斯强调必须鼓励孩子在承诺的时间内坚持完成。父母可以告诉孩子：“坚持完成一件事情的过程可能会很枯燥，甚至辛苦，但完成后的成就感是无与伦比的。”这里，父母可以向孩子解释，完成任务后的快乐不仅是因为多巴胺的短暂作用，而且是长期坚持会让我们体内分泌出内啡肽，带来持久的幸福感和成就感。

最后，罗斯还提醒父母，应该允许孩子在考虑清楚后做出是否继续的决定，但关键是不要在感觉最糟糕时做出决定。父母可以这样对孩子说：“如果你真的想停止或放弃，那是可以的，但请你不要在感觉最沮丧时做这个决定。等到计划的期限结束，你冷静下来、思考清楚后再做决定好吗？”

通过这样的方式，父母不仅教会了孩子如何面对挑战和困难，还帮助他们学会了自我调节和情绪管理。这些技能对于孩子未来的成功和幸福至关重要。父母的目标是引导孩子成为有韧性、有决断力、能够自我激励的人。通过实践罗斯的建议，父母可以为孩子打下坚实的基础，帮助他们在人生的旅途中勇往直前。

在培养孩子的过程中，这3个关键点是在必要时给予适当的推动和支持。这不仅涉及情感上的鼓励，让孩子坚持下去，还包括行为上引导他们寻找解决问题的方案。关键在于启发孩子自己思考，而不是直接告诉他们应该怎么做。这种方法不仅能增强孩子的自信心，也能促进他们独立思考的能力。

如果你的孩子在学习或某项活动中遇到了困难，你可以这样鼓励他：“你坚持了这么长时间，我看到了你的努力。你展现出来的耐心和坚持，真的让我感到非常自豪。”然后，你可以引导他思考：“你现在面对的挑战确实不小，你有没有想到一些可能的解决方案呢？我们能帮你做些什么？”这样的对话不仅表达了对孩子的支持，还鼓励他们自主寻找解决问题的方法。

（4）帮助孩子思考他们的目标和这些目标的深层意义

设定一个高远的目标，可以让孩子感觉到自己的行为是有意义的。例如，以“为中华之崛起而读书”作为学习的动力，这样的目标不仅关注个人成就，也体现了对社会的贡献，从而大大增强了激励效果。

茜茜的目标是在市级青少年足球比赛中获得前3名。为了实现这个目标，她需要加入学校足球队，成为正式队员，并提高自己的球技和体能，包括射门的精准度。在这个过程中，父母可以这样引导孩子思考：“你为什么想做这件事？结合你现在的任务，你认为怎样才能让世界变得更美好？”这样的思考不仅能激发孩子的内在动力，还能帮助他们理解自己行动的更深层次意义。

最后，鼓励孩子观察那些有明确目标并为之努力的人物，无论是家庭成员，还是历史人物如爱迪生、袁隆平这样的名人。通过这种观察，孩子可以学习到，只要有明确的目标，并且持之以恒地努力，就有可能实现梦想。

总之，通过情感上鼓励和引导孩子自主解决问题，不仅能够支持孩子克服眼前的困难，还能为他们追求有意义的幸福人生打下坚实的基础。

当下的觉察：以前，孩子在做哪些事情时不容易坚持呢？根据本节讲述的坚韧性品质的4大基石，你认为需要在哪个部分加强呢？

下一步行动：孩子拥有坚韧性品质与将来的幸福生活息息相关，接下来，你会在哪个方面重点培养和提升呢？

父母的责任与不强势教育

家庭不仅是我们长大的地方，更是塑造我们人生观、价值观的摇篮。作为父母，我们应该如何让家庭成为孩子生命的幸福之源，而非伤痛的起点呢？

◆ 父母在孩子成长过程中的责任

这就体现了父母在孩子成长的过程中需要承担的责任。我借用美国著名社会心理学家马斯洛的需求层次理论来解析。在这个理论的指引下，父母首先要做的是满足孩子最基本的生理需求——食物、水、衣服等，确保孩子的基本生存没有问题。此外，良好的睡眠对于孩子的成长同样重要。然而，现实中由于学业和各种课外活动的压力，很多孩子的睡眠时间远远不够，这是父母需要关注和调整的问题。

在孩子成长的过程中，父母的角色不仅是生活的守护者，而且是心灵的港湾。继满足孩子的基本生理需求之后，父母面临的下一个挑战是如何满足孩子对安全感的需求。“安全感”这个词听起来简单，实际上却包含了多层面的意义，它关乎孩子内心的平静与信任，是他们勇敢探索世界的基石。

然而，现实中的情况往往让人忧心。许多父母虽然能够保障孩子的基本生活需求，却在无意中伤害了孩子的心灵。许多人深信“不打不成才”的古老观念，认为体罚是培养孩子的有效手段。但实际上这样的做法是对孩子安全感的剥夺，它不仅伤害了孩子的身体，而且伤害了孩子的心灵。

小杰的父母坚信严格的教育方式能让孩子变得更加优秀，每当小杰在学习上犯错时，他们总是选择用棍棒“教育”他。久而久之，小杰变得越来越沉默寡言，他不再愿意与父母分享自己的想法和感受，因为他害怕再次受到惩罚。这种教育方式显然没有给小杰带来安全感，反而让他变得更加孤独和恐惧。

孩子的确需要安全感，但过度的保护也同样有害。如果父母总是替孩子做出每一个决定，解决他们面临的每一个问题，那么孩子将永远学不会独立思考和解决问题的能力。安全感的提供需要平衡，既要保护孩子不受伤害，也要让他们有机会自我探索，学会面对挑战。

晓华的父母总是尽可能地为他创造一个无忧无虑的环境，从不让他接触任何困难和挑战。但是，晓华长大后发现自己难以适应社会，面对生活中的挑战时往往感到无助和焦虑。很明显，过度保护并没有让晓华得到真正的成长。

因此，父母需要在孩子的心灵种下安全感的“种子”，同时也要鼓励他们去探索、学习。父母应该是孩子的支持者，而不是限制他们成长的“藩篱”。通过给予适当的自由和指导，父母可以帮助孩子建立真正的自信和独立性，让他们在未来的人生旅途中更加坚强和自足。

当我们谈论孩子的成长时，社交需求是一个不可或缺的篇章。这个需求层次标志着孩子从单纯的生理和安全需求进入更复杂的情感和社交领域。孩子开始渴望与人建立深刻的联系，寻找自我价值和归属感的认同。

想象一下，当孩子迈入校园时，这个全新的世界对于他们来说既是充满期待的冒险，也是面临重重考验的挑战。在这里，他们首次接触到各式各样的同伴，开始了解如何与人建立友谊。对于那些性格内向、腼腆的孩子而言，这个过程可能会显得尤为艰难。他们可能会感到不安，甚至孤立无援。

筱筱是一个性格内向的孩子，刚转学到新学校时，他发现自己很难融入班集体。每当课间休息时，他总是独自一人坐在教室的角落，看着其他同学们快乐地玩耍，心中不免感到失落。所以，筱筱的父母主动与老师沟通，了解班级的活动，并鼓励筱筱参与。渐渐地，筱筱开始与同学们建立友谊，他的自信心也随之增强。

学校的环境和文化对于孩子形成健康的人际关系至关重要。充满友爱和包容的校园氛围能够鼓励孩子展开心灵的交流，建立真挚的友谊。同时，参与丰富多彩的社会活动也是满足孩子社交需求的有效途径。通过这些活动，孩子不仅可以发展自己的兴趣和才能，还能在与他人的合作和交流中学习如何理解、尊重他人。

在孩子成长的阶梯上，尊重的需求犹如一道光芒，照亮他们前进的道路。这个层次关乎帮助孩子建立自信，让他们感受到来自周围人的尊重。但要达到这一点，首先需要父母与孩子之间建立相互尊重的关系。

如果父母总是用强势的姿态对待孩子，可能会无意中压抑他们表达自己的勇气。相反，当父母给予孩子适当的空间，鼓励他们分享自己的想法和感受时，不仅能增强他们的自我价值感，也能促进他们的社交技能。

小安的父母总是鼓励她在家庭聚会中表达自己的看法。即使有时候小安的观点并不成熟，她的父母也会耐心听她说完，然后给予建设性的反馈。这样的互动让小安感到自己的声音被尊重，她的自信心因此大大增强。

而当孩子遇到挑战或困难时，父母的支持和鼓励尤为关键。例如，当孩子在某个项目上取得成功时，父母应该与他们一同庆祝；当他们犯错时，父母要教会他们如何勇敢地承担责任。这些经历不仅能够加深孩子的信任感，还能够教会他们如何面对生活的挫折。

将孩子视为有价值的个体，让他们参与到家庭决策中，承担适合他们的任务，这样他们会感到自己是被需要的，从而更加努力地完成任务，实现自我价值。

最终，当孩子的生理、安全感、社交、尊重等需求得到满足后，他们便会步入自我实现的阶段。这是一个追求个人理想和目标的过程，每个孩子都有自己的天赋潜能等待发掘。父母的任务是帮助他们认识到自己的特殊才能，并提供机会让这些才能得到发展。

通过这样的支持和引导，孩子将能够培养积极向上的心态，勇于追求自己的梦想。他们将学会如何为自己的生活赋予意义，最终成为具有幸福感的人。这一切都是建立在相互尊重的基础之上。

◆ 不强势教育提升幸福力

想象一下，你的孩子渴望沉浸在动画片的世界里，或在游戏中冒险，但当你告诉他现在不是玩耍的时候时，他的小世界似乎瞬间崩塌了，泪水和愤怒成了他唯一的回应。这时，你会怎么做？

面对孩子情绪崩溃时，不强势的父母会在坚定的规则和温暖的关爱之间找到平衡，第一步应该是接纳和理解他们的感受。

试着站在孩子的角度想问题，让他们知道你理解他们的失落和沮丧。你可以说："我知道你很喜欢那个游戏，它看起来确实很有趣。我小时候也有很多喜欢的东西，但有时候不能得到，我也会感到难过。"

接下来，如果孩子需要时间处理他的情绪，那就给他时间。你可以轻轻地抱抱他，或者告诉他："如果你想要独处一会儿，也没关系。"等孩子平静下来后再与他讨论如何解决问题，比如设定合理的时间观看动画或玩游戏。

这时非常重要的是避免贬低或训斥孩子的感受。批评他们因为小事而哭泣或发脾气，只会让他们感到羞愧和不被理解。相反，不强势的父母应该用积极的语言引导他们，帮助他们学会如何更好地表达和管理自己的情绪。

成为不强势的父母，关键在于用爱和理解引导孩子，同时坚定地维护规则和界限。这样的教育方式不仅能帮助孩子学会自我控制和责任感，还能增强父母与孩子之间的信任和亲密度。通过这种方式，父母不仅是在培养孩子的行为，更是在培养他们的心灵，让他们成长为既有自制力又充满爱的人。

你的孩子正沉浸在想玩手机的渴望中，当你告诉他现在不是时候时，他显得既失望又困惑。这时，第二步就显得尤为重要：耐心地向孩子解释为什么有这样的规定。

强势的父母可能会简单粗暴地说“不行”，而不给出任何解释，这让孩子感觉他们的感受和想法被忽略了。相反，不强势的父母会选择更加人性化的方式，他们会把自己放在孩子的位置，用孩子能理解的语言解释原因。

以“孩子想玩手机”为例，接纳孩子因为不能玩手机而感到沮丧后，接下来的对话可能是这样的：“我知道你很喜欢玩手机，手机里有很多有趣的游戏和视频。但是，长时间盯着屏幕对你的眼睛不好，可能会让你的视力变差。而且，如果我们花太多时间在手机上，可能就没有足够的时间完成作业或参与户外活动了。这些活动对你的成长和学习都很重要。”

这样的解释不仅展示了你对孩子情绪的理解和关心，也向他们清晰地说明了规则背后的逻辑和原因。孩子更容易接受这样的解释，因为他们感觉到了自己被尊重和理解。此外，这种方法也教会孩子评估行为的后果，帮助他们逐渐建立自我控制和决策的能力。

通过耐心解释，父母不仅在教育孩子遵守规则，而且在培养他们的理解力、同理心和责任感。这样的互动增强了父母与孩子之间的信任和沟通，为建立幸福家庭关系奠定了坚实的基础。

在家庭教育中，第三步是关键：坚定地实施行为纠正。经过前两步的耐心解释和情感接纳，现在是时候通过具体的行动纠正孩子的不良行为了。

例如，小明在周末沉迷于他最爱玩的手机游戏，几乎忘记了外面阳光明媚的世界。按照与父母的约定，玩手机的时间有限制。但今天，小明特别投入，时间一晃就过去了。

这时，不强势的父母可以展现出灵活性和理解。如果小明正在玩的游戏还有 5 分钟就能结束，适当地延长时间是可以的。这样的退让不仅体现了家的温暖和理解，也给了孩子完成事情的机会。

然而，如果在给予一次或两次宽容后，孩子仍旧无视规则，继续沉迷于手机，那么父母就需要果断地采取行动了。这时，父母应该从孩子手中收回手机，并再次解释过度使用手机的负面影响，同时接纳孩子可能产生的不满情绪。

重要的是，父母的控制应该集中在行为上，而非心理上。避免像“你怎么这么不听话”或“你这是自我的”这样的语言攻击，因为这种心理压力会伤害孩子的自尊心，甚至可能导致其与父母的关系疏远。

作为不强势的父母，在教育过程中对度的把握非常重要。父母需要根据孩子的性格和具体情况因材施教，这样孩子能在爱与规则中健康成长，拥有幸福的人生。

通过这样的方式，父母不仅教会孩子如何自我管理和遵守规则，还加深彼此的理解和信任，共同构建一个充满爱和尊重的幸福家庭环境。

行动方案

当下的觉察：你自己的父母对你的教育方式是否强势？你在教育自己的孩子时是否也会表现出强势、专制的态度？这样的教育方式及态度对你自己和孩子有什么影响？

下一步行动：如果你对自己的教育方式及态度不满意，接下来，你想如何改进？请写出1～2点自己满意的改进措施。

尾声

每个孩子都是独特的个体，他们天生携带着不同的天赋潜能。这些天赋如同一把钥匙，能够开启孩子潜力的大门。因此，父母的首要任务是通过细致的观察、耐心的交流和专业的评估来认识并尊重孩子的个性。这个过程不仅是对孩子本质的探索与发现，更是为其后续的成长道路定向导航。

了解孩子的个性和特点之后，父母需要根据这些独特属性制定教育和养育策略。这意味着选择符合孩子兴趣和能力的学习内容、活动及日常生活的指导方式，并因材施教。个性化教育的核心在于让孩子在自己最感兴趣和最有潜力的领域中得到发展，而非盲目追求传统意义上的“全面”发展。

在孩子的成长过程中，获得成功的经历和正向反馈对于孩子建立自信心至关重要。父母需鼓励孩子勇敢面对挑战，认可并庆祝他们的每一次进步，哪怕是微小的成功。同时，教育孩子正确面对失败，理解挫折，也是孩子成长的重要组成部分。

随着教育理念的演进，父母的角色也在不断更新。作为引导者，父母的职责是为孩子提供必要的资源和支持，帮助他们进行自我探索，而非替代孩子做出所有决策。这种角色转变标志着父母对孩子成长的深度理解和尊重。

在没有固定答案的育儿之旅中，父母也需要不断学习和成长。通过勇于尝试、从实践中吸取经验，并通过阅读、参加讲座、与他人探讨等方式不断丰富育儿知识和技能，父母可以更有效地引导孩子成长。

父母或许容易担心孩子输在起跑线上，而真正的起跑线在于家庭中父母的认知，以及对于纷繁复杂信息的处理，帮助孩子回归到他们自己的天赋赛道上，甚至帮助孩子找到他们的超车道。在当下的教育体制中，人人都是比赛爬树，人人都是比赛考试，如果没有个性化养育，就会出现非常多低分低能的孩子。

我的大女儿曾经被周围的人定义为“问题孩子”。她的字写得比较大，容易写出框，周围的人评价她是字写得丑、不爱学习、上课注意力不集中。而真正深入孩子的先天能力中，我看到这些问题只是表象。通过对孩子先天多元智能的评估，我知道孩子的体觉精细操作能力和视觉精细观察力偏弱，所以写出来的字歪歪扭扭，只是需要更长时间的训练来提升。也有父母看到孩子存在同类问题很着急，就报很多课程班进行学习、提升。但是，越提升，孩子越没自信。

每个孩子都是独一无二、与众不同的，父母需要从宏观到微观看清孩子的本质。如果父母只用一条标准线看孩子，可能都是“问题孩子”。看得见的是问题，看不见的却是伤害。同样的技能，有的孩子需要提前建立一套标准流程，按部就班、脚踏实地，一步一个脚印地重复练习；有的孩子则不然，看一遍即会。每个孩子的特质不一样，需要父母多维度、多视角地支持孩子看到自己更多的可能性，减少对孩子的偏见和伤害。孩子出现任何父母不理解的行为表现，父母一定要先找到核心原因，对症下药，才能事半功倍，同时也不会打击孩子的自信心，进而逐步提升孩子的能力，建立对自己的接纳度。

通过深入实践天赋教育，我们可以看到孩子在个性化成长道路上的显著差异和进步。这种教育方式强调从孩子的天赋出发，结合他们的兴趣和潜能进行个性化引导，旨在促进孩子的全面发展，增强自信心和成就感。我希望自己养育孩子的经历和洞见能够激励更多父母探索适合自家孩子的教育之路，共同见证每一个孩子独特而精彩的成长历程。

在这个快速变化的时代，父母如何有效地引导孩子健康成长，已成为一个至关重要的话题。基于这个背景，我们可以对当代父母必备的四大境界进行深入探讨，旨在为父母们提供一套全面、实用的教育指南。

（1）掌握教育的核心：高效学习能力与个性化教育规划

在当代教育中，了解教育的基本规律并掌握教育的核心是父母的首要任务。这包括对孩子进行个性化的教育规划，引领孩子在学习和游戏中找到乐趣，同时培养高效学习能力。教育的核心不仅涉及对学科知识的掌握，还包括对孩子天赋的发现和培养。这要求父母根据孩子的个性（无论是学科型，还是艺术型）采取不同的教育方法，确保教育策略的多样性和有效性。

（2）圆满的亲子关系：构建支持性的家庭环境

圆满的亲子关系是助力孩子健康成长的基石。在构建这种关系的过程中，父母需要做加法，也需要做减法。做加法意味着支持孩子在思维、语言和行动上找到自己的优势和特长，增强自主学习能力和清晰的需求表达。做减法则要求父母打破传统教育观念的束缚，不断提升自我认知，精准表达自己的需求，同时在情绪管理上自我赋能，以更加和谐平静的心态参与到孩子的成长过程中。

（3）言传身教：建立正向的成长环境

孩子的成长环境直接影响其个性和能力的发展。父母通过言传身教来塑造这个环境至关重要。这需要父母不断学习、成长，积累智慧，深入理解孩子和自己的本性。父母的一言一行都是孩子成长的营养土壤，只有不断调整和优化，才能为孩子创造有利于其全面发展的环境。

（4）智慧培养：适应未来社会的全局规划

在瞬息万变的时代，父母需要具备前瞻性的视角，通过智慧培养适应未来社会的需求。这包括找准孩子成长的节奏、天赋热情和高效学习能力，做好全局规划。在陪伴和养育孩子的过程中，父母不仅能够实现自我成长，也能帮助孩子成就自我，体验成长的圆满。

泰戈尔曾经说过，一切教育都是从我们对孩子天性的理解开始。父母应从家庭教育出发，成为孩子非凡的守护者，全然信任并支持孩子，遵循其本性和热情的发展方向。

通过这四大境界的实践，父母将能够更加有效地引导孩子健康成长，为他们的未来打下坚实的基础。

特别感谢
以下人员对本书出版的支持

平祝帆

亲子关系辅导与心理赋能导师、高级家庭天赋教育指导师、睿陪教育咨询创始人。

冼绮玲

融合幸福合伙人、高级沙盘咨询师、高级情商培训师、结构式家庭治疗师、家庭天赋教育指导师、心子教育悦汇城校区校长。

成卫芬

天赋解读师、高级家庭天赋教育指导师、亲子和谐沟通实践导师。

廖文桂

融合幸福合伙人、希合天赋广州城市合伙人、RFC 国际理财顾问师。

刘东微

胡贝儿形体仪态美学培训导师、国际少儿形体礼仪导师、ACIC 国际注册高级礼仪培训师、胡小腰双动塑形导师、高级维密体雕塑形师。

严敏婷

保险经纪顾问、高级心理咨询师。

张丽霞

在大理的 3 家民宿经营者、高级家庭天赋教育指导师。

索沛芳

终身学习者、中英文规划指导师、自主学习陪跑教练、深圳市高层次人才、家庭天赋教育指导师、高级积极学习指导师、高级家庭教育指导师、深圳市南山区领航人才。

何沅真

4 个孩子的妈妈、中国人民大学管理学硕士、高级家庭天赋教育指导师、广州心子教育集团联合创始人。

陈珍姬

广州新展翅教育联合创始人、高级家庭天赋教育指导师。

悦　然

亲密关系教练、高级家庭天赋教育指导师。

李宏娟

中国老年保健医学研究会缓和医疗分会会员、国家二级心理咨询师、国家高级健康管理师、辽宁省老年人能力评估专业委员会委员、阿尔茨海默症照护领域资深实战专家，在大健康领域从业 15 年，担任多家高端康养集团的咨询顾问。

辛动语

生命成长终身践行者、资深企业财税筹划师、青岛市财税服务商会副会长、青岛市优秀招商服务大使。

陈　默

心理咨询师、一念之转协导师、一念之转讲师。

张志雁

国家二级心理咨询师、高级家庭教育指导师、婚姻家庭顾问、天赋赋能教练、国际专业执行师。

杨　柳

高级家庭天赋解读师、高级家庭天赋教育指导师、家庭财富管理师、自在欢喜读书会创始人、金刚智慧学习者。

张爱兰

日昇学堂创办人，从事儿童读经教育 15 年。

徐吉纯

文吉堂创办人和主理人、高级家庭天赋教育指导师、墨尔生命智慧讲师、金湾区书法家协会理事。

金 枝

卡乐演说联合创始人、家庭天赋教育指导师。

刘 晶

两个孩子的妈妈、高级家庭天赋教育指导师。

肖金玉

资深特教老师、社会工作师、家庭天赋教育指导师、小树苗工作室创始人。

满 一

简易道文化创始人、高级家庭天赋教育指导师。

吴 桢

猎企联合创始人、静心茶空间主理人、心理疗愈师、家庭天赋教育指导师。